WERNER BÜTTNER

UNDICHTE SCHLÜSSELLÖCHER

TEXT

JESI KHADIVI
KRISTIAN VISTRUP MADSEN
ZDENEK FELIX

CONTEMPORARY FINE ARTS
BERLIN 2020

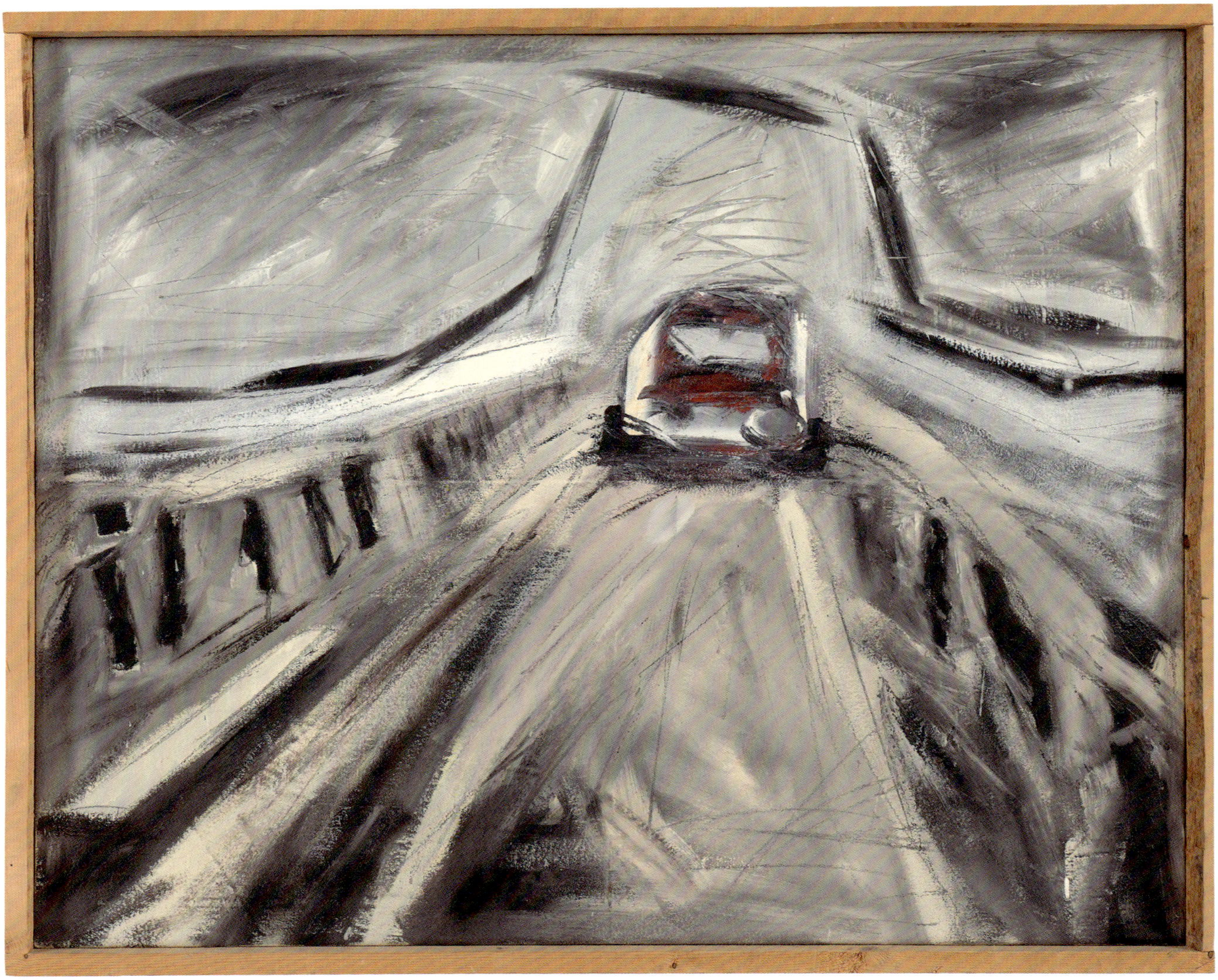

Heroin für Bremen 1979

Kristian Vistrup Madsen

The World as Dick and Depression!

Was denn – sagt Werner Büttners Blick. Wer sich selbst beim Masturbieren im Kino porträtiert, der gibt einen Dreck auf das, was er als Mensch für andere darstellt. Der stellt sich auf eine Bühne und sagt nichts (oder sagt zumindest, dass nichts zählt). Dem ist egal, wie man ihn wahrnimmt – ob du, ob ich, ob irgendjemand anderes. Das Bild: khakifarben; der, der darauf abgebildet ist: gekleidet in ähnlich matschige Farben – Grund dafür ist, dass aus der Welt, in der er sein Dasein fristet, jede andere Farbe gewichen ist. Sein Schwanz: ganz unpornografisch monströs und grässlich. Man erkennt fast nicht, dass dieser fette gelbe Fleck von einer Hand gehalten wird, gemalt in groben, abstrakten Pinselstrichen. Als wäre alles, was damit in Berührung kommt, dazu verdammt, sich rasend schnell aufzulösen.

So eine plötzliche Konfrontation mit einem Schwanz ist etwas anderes, als am Flughafen abgetastet zu werden. Dies kann man ja sogar goutieren, weil es den Platz einnimmt, der für körperliche Intimitäten reserviert ist; weil man von einem Schatten der Sehnsucht berührt, von einem leisen Lufthauch des vage Bedeutsamen gestreift wird – na gut, zumindest der Witz, der in einem solchen Szenario steckt, ist an ein reales Gefühl gekoppelt. Nein, wird ein Schwanz einfach so blank gezogen, dann ist es vorbei. Der Horizont verschwindet hinter einem Springrollo. Keine falsche Höflichkeit mehr. Fuck all … und Tschüss!

Macht es dabei einen Unterschied, ob man mit seinen Sinnen den Schwanz wahrnimmt oder ob einem jedweder Sinn abhanden kommt? Mit Sinn ist hier gemeint: dass nicht alle Dinge – z. B. deine Augen und meine Augen – dasselbe und somit nichts bedeuten; dass es eben Sinn macht, den nächsten Moment abzupassen, sich die Anstrengung lohnt, *so* zu sein und darüber auch Kontrolle zu haben. Kommt es aber zu einem solchen Sinnverlust – was ja den Verlust aller Bedeutungen, aller Wichtigkeit und Spezifik mit einschließt – unabhängig von unserem Willen? Oder braucht es dafür nicht notwendigerweise eine entsprechende persönliche Disposition, eine Attitüde, die man sich bewusst angeeignet hat? Mich trennen vierzig Jahre von Büttners Bildern. Und ich frage mich: Was sind die Wurzeln dieses Nihilismus?

Die Bilder stammen aus einer Zeit, als ich noch nicht geboren war. Etwa zeitgleich mit ihrer Entstehung drehte Rainer Werner Fassbinder den Film *Die dritte Generation*. Der Film erschien im Frühjahr 1979 und damit nur wenig mehr als ein Jahr nach dem symbolträchtigen Tod von Andreas Baader, Gudrun Ensslin und Jan-Carl Raspe im Herbst 1977. Die titelgebende und zu diesem Zeitpunkt noch fiktionale dritte Generation der RAF, die sich Fassbinder ausmalte, hat ihre Ziele aus den Augen verloren. Gesprochen wird nur noch in vagen und hohlen politischen Floskeln. Die Terrorist*innen, die miteinander telefonieren, murmeln ihren Erkennungscode in gigantische Plastikapparate. Der Code lautet: „Die Welt als Wille und Vorstellung" – also wie der Titel des 1818 erschienenen Hauptwerks des Philosophen Arthur Schopenhauer. Was aber soll dieser Titel bzw. Code besagen? Der Vater eines der Gruppenmitglieder bringt es auf seine Art auf den Punkt, nämlich „dass ein Menschenleben nicht mehr wert ist als ein Stein". Wenn die Welt nur in unseren verschiedenen Vorstellungen von ihr existiert, die dem Willen, der Unabhängigkeit von Zeit und Raum entgegenstehen, dann gibt es auch keinen grundlegenden Unterschied zwischen den Dingen. „Wir haben damals positive Bücher gelesen!", fährt der alte Mann fort. „Hegel zum Beispiel. Die Leute wissen heute nicht mehr, wozu sie leben, deshalb braucht jede Generation ihren Krieg. Dann werden sie schon wieder merken, dass ein Menschenleben mehr wert ist als ein Stein!"

Ein derartiger Verlust von Bedeutsamkeit ist denn auch bezeichnend für Werner Büttners Gemälde aus dieser Zeit. *Denn sie wissen, was sich gehört* (1983) – das Bild zweier Hände, die sich wie die von Gott und Adam in der Sixtinischen Kapelle berühren, nur eben mit dem Unterschied, dass es sich bei Büttner um haarige Primatenhände handelt – fragt zwar nicht nach dem Unterschied zwischen Mensch und Stein, aber doch nach dem zwischen Mensch und Affe. Im gigantischen Triptychon *Transit I – Homo Erectus – Transit II* (1983) schwebt links ein Helikopter mit einem darunter baumelnden Elefanten und rechts einer mit darunter baumelnder Haubitze um einen riesenhaften Maibaum herum. Es ist Krieg, so scheint es, nur wird dem gerade nicht soviel Bedeutung zugemessen.

Ohne sich zu sehr bei Schopenhauer aufhalten zu wollen, spricht doch schon die Schwierigkeit, den Titel *Die Welt als Wille und Vorstellung* ins Englische zu übersetzen, Bände. Denn statt „Representation" verwenden einige Übersetzungen „Presentation" und betonen damit den performativen Aspekt des Wortes „Vorstellung", der an die Aufführung eines Theaterstücks, an Fiktionales bzw. nur Eingebildetes denken lässt. Wie vieldeutig kann ein Signifikant eigentlich sein? Sowohl Büttner als auch Fassbinder erzählen von einer Welt, in der die Wirklichkeit der Dinge der Art und Weise ihrer Darstellung und den Prinzipien ihrer Wahrnehmung radikal untergeordnet ist. Das ganze Leben ist eine Bühne, alle Darsteller*innen tragen eine Maske, und jede Aufführung ist so wahr oder unwahr wie die andere. Auf dieser Bühne aber befindet sich eine weitere: die Kunst. Minus mal minus ergibt plus, aber kann meta plus meta – eine Bühne auf der Bühne – auf ähnliche Art und Weise das Negative der Wahrnehmung umdrehen? Anders gesagt: Brauchen wir wirklich einen Krieg, um den Unterschied zwischen dem menschlichen Leben und einem Stein zu begreifen? Oder kann die Kunst uns etwas von dieser Arbeit abnehmen? Und, daran angeschlossen: Ist Büttners Nihilismus Ausdruck der Kapitulation vor dieser Aufgabe – oder trifft nicht vielmehr das Gegenteil zu?

Dass Büttner sich im Kino einen runterholt, ist Ausdruck einer passiven Art des In-der-Welt-Seins: des Die-Welt-Welt-sein-Lassens. In *Sozialstaatimpression* (1980) zeigt Büttner den Sozialstaat in einer seinem Selbstporträt verwandten Komposition als verwundeten Gorilla. Zwischen diesen beiden Werken, so scheint es, ist der Künstler – und vielleicht allgemein das ganze Konzept von Männlichkeit – an der „Endstation" Dumbstick angekommen. Und der Rest der Gesellschaft, ebenfalls als männlich dargestellt, folgt im auf dem Fuße.

Masturbation mag ein Desinteresse an der Welt suggerieren (in der Psychoanalyse ist Autoerotik eng mit Autismus verknüpft) – ein Bild davon zu malen aber ganz und gar nicht. Wie Popsongs finden diese Arbeiten für ein Gefühl, das schon bekannt sein mag, eine Form – und schaffen damit Linderung. Zumindest wird hier, auf der doppelten Bühne der Kunst, etwas sichtbar, das die deprimierende Isolation etwas verständlicher werden lässt. Dabei geht es nicht darum, sich selbst wichtig zu nehmen oder gar seiner selbst bewusst zu werden – meiner Meinung nach will Büttner nicht besonders schlau erscheinen. Anders als viele seiner späteren Arbeiten sind diese Gemälde auch nicht sonderlich humorvoll. Eher schon zieht sich eine Art Verunsicherung oder Sorge durch diese Bilder. Und käme einem dieses Gefühl nicht so melancholisch vor, so verängstigt, man könnte es gar als Fürsorge beschreiben. Kommen wir noch einmal auf Büttners Michelangelo-Variation zurück: Es scheint, als bewegten sich die Hände der Affen gar nicht aufeinander zu. Vielmehr lösen sie ihren Griff gerade. Die Menschheit – und bei Büttner wie in der Bibel sind damit immer nur Männer gemeint, ein großes ewiges sic! – wird als ebenso entwurzelt wie abgekoppelt dargestellt. Jenseits dessen, was sich über eine Krise der Männlichkeit sagen ließe, hat die Krise der Bedeutung, die bei Büttner ebenso wie in *Die dritte*

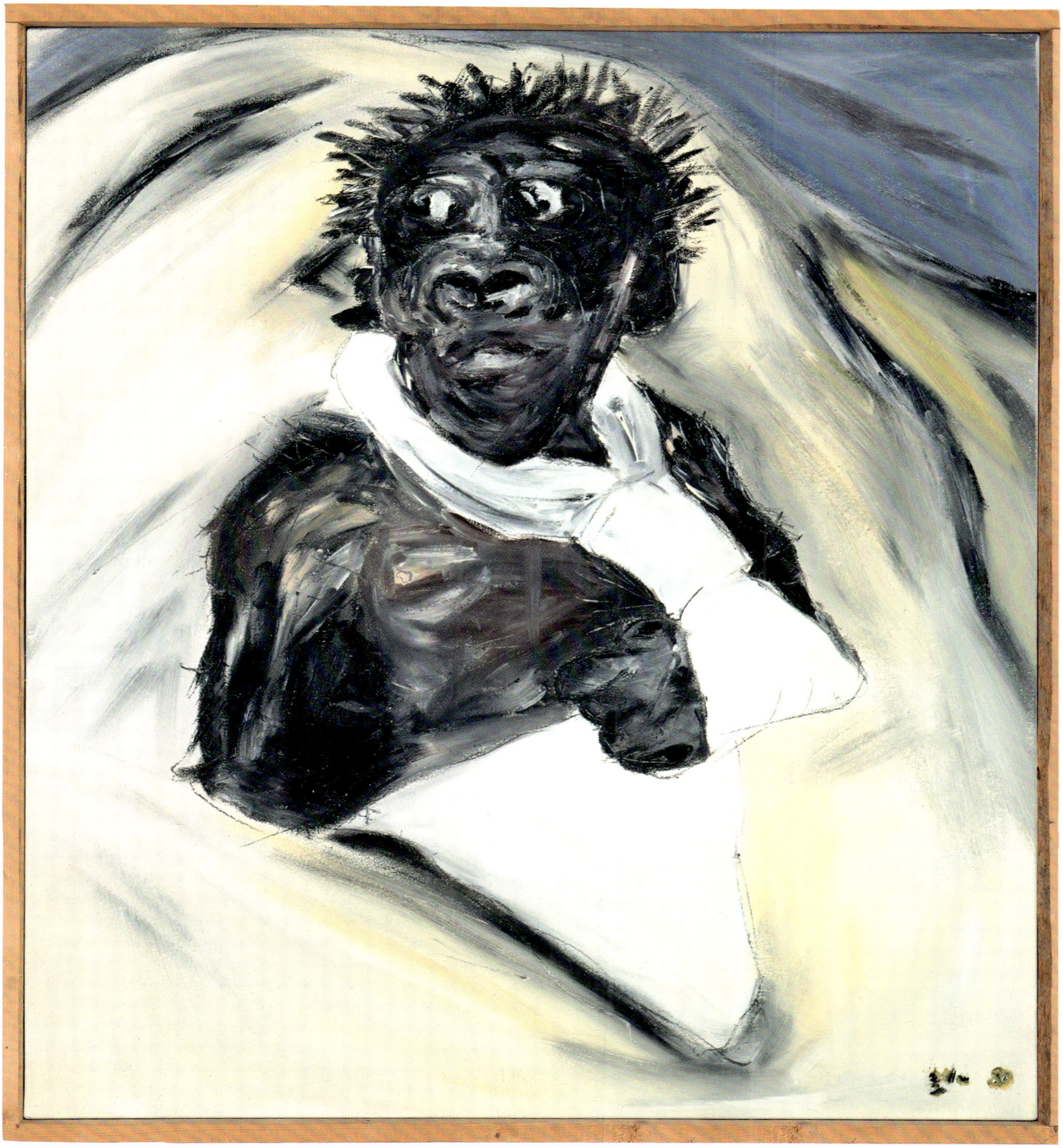

Sozialstaatimpression 1980

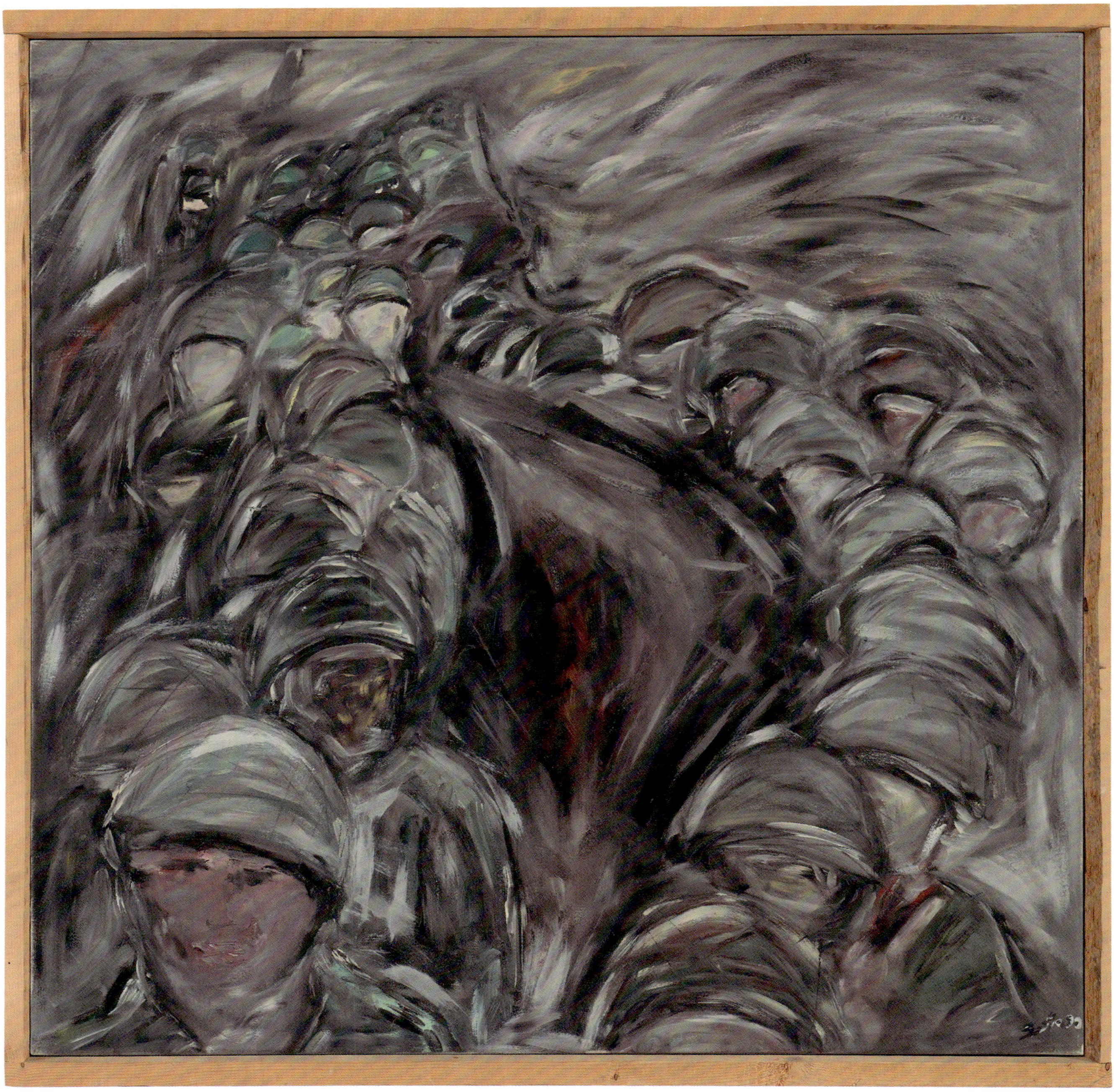

Schmeißfliegen 1981

Generation anklingt, aber auch noch eine sehr viel subjektivere Dimension: Es ist eine Krise, die sich entlang der brüchigen Ränder des gesunden Verstands entfaltet.

Vor nicht allzu langer Zeit las ich Rainald Goetz' Debutroman *Irre* aus dem Jahr 1983. Darin bezieht sich Goetz unter anderem auf Albert Oehlen und Diedrich Diederichsen sowie auf das, was er „die Neue Lustige Malerei"[1] nennt. Mit Blick nicht nur auf Büttners Arbeiten, sondern auch auf diejenigen seiner damaligen gleichgesinnten Kollegen, bin ich mir nicht sicher, ob „lustig" wirklich das passende Wort ist. Ist-mir-alles-scheißegal-Malerei ist aber halt nicht ganz so eingängig. Goetz, der 1992 für den Katalog der Ausstellung *Malen ist Wahlen* von Büttner, Oehlen und Martin Kippenberger einen Text schrieb, war Teil dieser Szene. Doch geht die Verwandtschaft zwischen *Irre* und Büttners Gemälden tiefer. Sie beruht auf einer bestimmten Art der düsteren, schrägen Wahrnehmung.

Goetz erzählt vom Weg des jungen Mediziners Raspe, für den die Grenzen zwischen dem Wahnsinn – wie ihn die psychiatrische Klinik definiert, in der er arbeitet – und dessen vermeintlichem Gegenteil, der „Gesellschaft", zu verschwimmen beginnen. „Ich will nicht werden wie Schlüssler, nicht wie Singer, nicht wie Reiter", sagt Raspe über seine älteren Kollegen. „Ich will nicht werden, wie ich bin. [...] Es muss alles anders werden. Alles hat keinen Sinn. So hat nichts einen Sinn." *Irre* ist die Geschichte vollständiger Subsumption und tiefer Verstricktheit. „Im Alkohol ist alles löslich", lautet das Motto fürs Wochenende, und je stärker Raspes eigener Zerfall den seiner Patient*innen widerspiegelt, desto unhaltbarer und unmöglicher wird es, Distanz zu wahren und eine aufgeklärte, kritische Position aufrechtzuerhalten. Büttners *Heroin für Bremen* (1979) zeigt einen grauen Strudel, einen unterirdischen Bahntunnel vielleicht. Alles, was den Menschen von der Stadt um ihn herum trennt, ist seine Haut. Und wie dünn diese Haut doch letztlich ist; wie schnell alles absorbiert werden kann in den immer gleichen Nebel der Geschwindigkeit! „Aus der Küche heraus ruft Raspe zu dem Tisch: Was nützt schon das Wollen! Die Psychiatrie ruft zurück: Was? Raspe sagt: Ist wurscht." Was nützt schon die Malerei? Warum sich nicht einfach im Kino einen runterholen?

Die derangierte und gequälte Perspektive der Wahnsinnigen bestimmt vor allem Arbeiten wie Büttners *Stilleben mit Wolperdinger und beschädigtem de Chirico* (1984) oder *Moderne Kunst B* (1984): düstere, alptraumartige Innenräume ohne sichtbare Architektur, ohne Schwerkraft, die sich aber dennoch eher auf die Kunst als auf den Wahnsinn beziehen lassen. Eine eigenwillige Version des Fabeltiers Wolperdinger mit Entenfüßen und Hasenohren scheint auf einem beschädigten Gemälde von de Chirico etwas zu betrachten, das ihm gar nicht so unähnlich sieht. Ähnlich fragte ich mich beim Lesen von *Irre* immer wieder, welche Rolle Goetz der Figur des*der Künstler*in oder der Kunst im Allgemeinen zuweist. Einer von Raspes Freunden behauptet: „Wahnsinn ist Revolte, ist Kunst, Mann!" Und das soll heißen: Die Wahnsinnigen selbst sind Künstler*innen, die, während sie ihre eigene Scheiße an die gefliesten Wände der Institutionen schmieren, in denen sie verwahrt werden, offenlegen, wie krank die Welt doch ist. Aber, „[m]al abgesehen von diesen Willensfragen", schimpft Raspes belesener Freund weiter, abgesehen „von der Tatsache, dass der Irre tatsächlich aus freiem Willen den Wahnsinn wählt, um sich auf seine ausgeklinkte Art Staat und Kapital optimal fügen zu können [...] ist deine [Raspes] Arbeit in der Klinik, gerade in einer psychiatrischen, wirklich der Inbegriff politisch reaktionärer Praxis. Einer Gesellschaft, die konsequent ihre Mitglieder krank macht, vor allem psychisch krank, hilft die Psychiatrie am Überleben." Später fragt sich Raspe – oder eine Version von ihm, die an dieser Stelle schon eher Goetz selbst entspricht – ob er „anstelle einer Kultur vielleicht doch einen Marxismus rein tun soll". Denn dann, so denkt er, hätte er „wenigstens einen Halt". Für den Moment aber lässt er sich nicht auf derartiges „Hirngewixe" ein: „Die Irren sind irre", kontert Raspe. „Kannst du gerne besichtigen. Und irr ist null Kunst, null Revolte. Arme Teufel sind die Irren, die ärmsten Teufel, die ich kenne, sind die Irren.“

Es gibt also einen Unterschied! Ähnlich wie ein Krieg hat die Klinik Raspe in die Lage versetzt, diesen Unterschied zu sehen, wenn auch nur für einen kurzen Moment. Die zunehmende Überlagerung der Figur Raspe mit dem Schriftsteller Goetz lässt erahnen, wie unmöglich es ist, dem Einfluss seines Gegenstands oder dem der Patient*innen zu entkommen oder den Einfluss, den man selbst auf diese ausübt, aufzuheben. Natürlich handelt es sich dabei um das, was man für gemeinhin Macht nennt, und Macht ist wie üblich ungleich verteilt. Ergo: Stellt ein Künstler wie Büttner (oder ein Schriftsteller wie Goetz) die Schmerzen der Gesellschaft nicht eher auf die Bühne, als dass er sie selbst verkörpert, gar nicht so anders als der alte Professor Schlüssler, der einen involutiven Melancholiker namens Herrn Fottner, der mit den Worten „nur ein Paar Pantoffeln“ charakterisiert wird, vor das Publikum seiner Studierenden zerrt? „Doch die meisten“, so merkt Goetz' Erzähler an, „schienen schnell zu ahnen, daß ihnen nirgends sonst das ganze Grauen und somit die Wahrheit der Psychiatrie in einer solch rücksichtslosen Ehrlichkeit vorgeführt wurde, auch die Verstrickung des Psychiaters, den die Zumutungen seines Berufs nahezu unausweichlich zum Monster machten.“

Auf Büttners Gemälde findet sich Schrecken und finden sich Wahrheit und nicht zuletzt Sinnlosigkeit. Wie auf seinem Selbstporträt zu erkennen, ist der Maler Patient und Arzt zugleich. Ist der*die Künstler*in also unweigerlich ein Monster? Oder sind diejenigen von uns, die auf der doppelten Bühne der Kultur ihr Stück aufführen, nichts weiter als Pappkameraden, wie man manchmal sagt? Ein pädagogisches Konzept wie das Schlüsslers ist sowieso für alle Zeiten in Ungnade gefallen. Was die Kunst angeht, so steht das Verdikt noch aus. Gleichwohl ist heute, etwa vierzig Jahre später, das Bewusstsein vom Unterschied zwischen einer Person und allem anderen wieder zurückgekehrt, sei es nun ein Paar Pantoffeln, ein Gorilla oder ein Stein. Und zwar im Guten wie im Schlechten.

Berlin, Januar 2020

Aus dem Englischen übersetzt von Dominkus Müller

1 Rainald Goetz, *Irre*, Frankfurt a. M. 1983, S. 307.

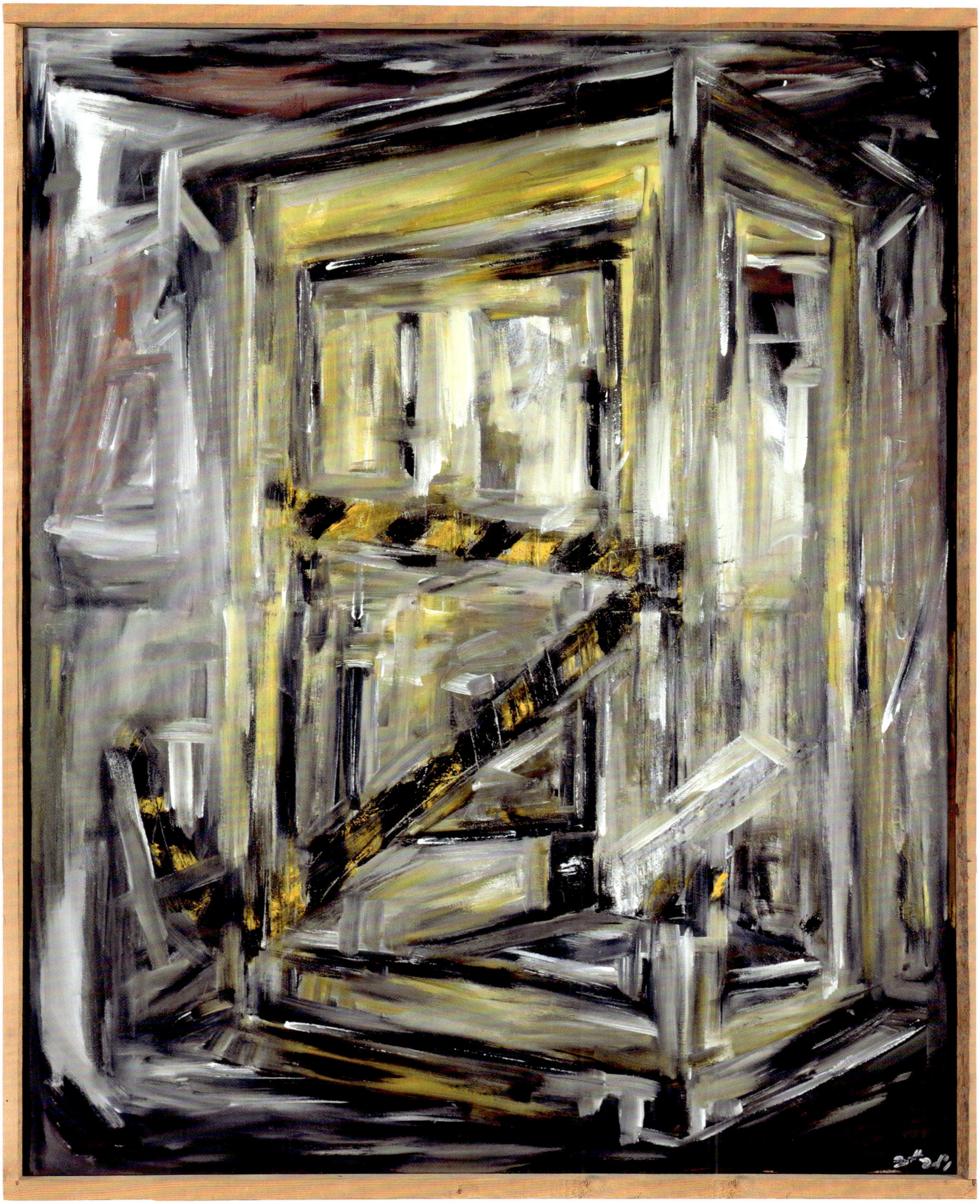

Mutwillig zerstörte Telefonzelle 1981

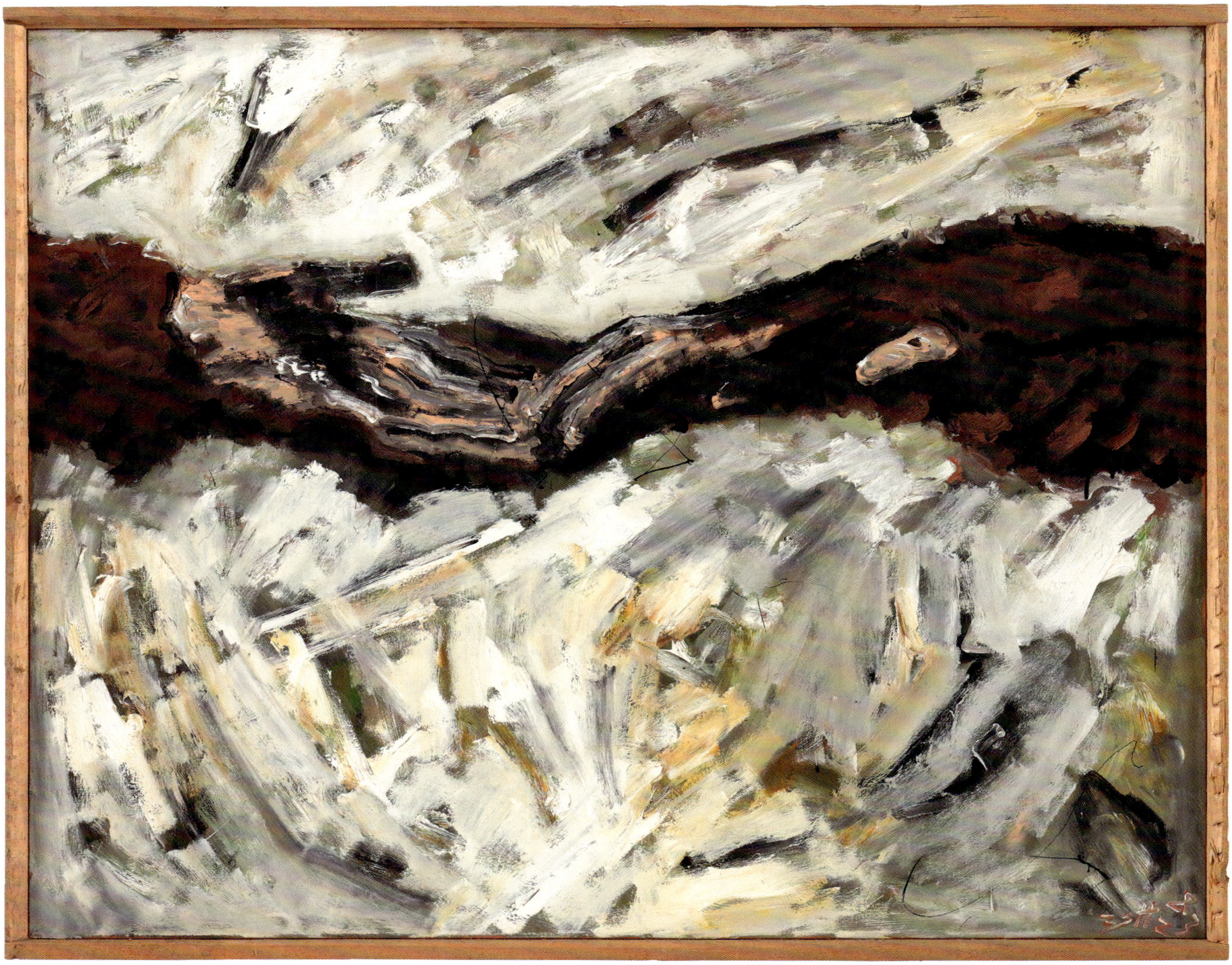

Denn sie wissen, was sich gehört 1983

Kristian Vistrup Madsen

The World as Dick and Depression!

Werner Büttner looks at you like *what*. To paint a portrait of yourself masturbating at the cinema is to blot out the space reserved for you as a human in the chain of signification; to take the stage and say nothing (matters). He doesn't care how you see him, and finds your pair of eyes equivalent to any other. The picture is khaki, the protagonist dressed in muddled adjacent shades, but only because he exists in a world from which all other colours have fled. His dick is un-pornographically monstrous. Almost unrecognisable, the fat yellow b ob is held by a hand rendered in grossly abstract strokes, as if anything that comes into contact with it is bound to frantic disintegration.

The sudden confrontation with dick is not like getting frisked at the airport. How someone might appreciate that moment because it outlines the empty space where physical intimacy was supposed to be; like being touched by the shadow of longing, the faint air of something meaningful—at least the humour of it comes with a real emotional attachment. No, when a dick comes out for no reason it's the end of something. The horizon smacks out of view like a roller blind. No more pretenses; fuck all and bye.

Does it make a difference whether you walk in on the dick, or meaning walks out on you? What I mean by meaning is that any one thing is not equivalent to the next—your eyes or mine—that it makes sense to move into the next moment and make an effort to *be there* and to take reign of that being. Can the loss of meaning—and its adjacent concepts signification, importance and particularity—occur irrespectively of your will, or is it necessarily a stance that you take, or an attitude you have assumed? I look at Büttner's paintings from the distance of forty years and wonder what the root of this nihilism is.

Unlike myself, Rainer Werner Fassbinder's film *Die dritte Generation* is a contemporary of this suite of works. It was released in the spring of 1979, and its title refers to the, at that point fictional, third generation of the Red Army Fraction, notably little more than a year after the emblematic deaths of Andreas Baader, Gudrun Ensslin and Jan-Carl Raspe in the fall of 1977. In Fassbinder's vision, this new litter of terrorists have lost sight of their agenda, speaking instead in political truisms that range from vague to empty. They call each other up on massive plastic phones muttering the code phrase *Die Welt als Wille und Vorstellung*—the key work of philosopher Arthur Schopenhauer first published in 1818, and traditionally translated as "The World as Will and Representation"—but what does it mean? The father of one of the group's members offers a neat summary: "That a human life is of the same value as a rock." That is to say, if the world is nothing but our various representations of it, largely standing in the way of will, of autonomy from time and space, there is no essential difference between things. "Back then, we read positive books!", the old man continues, "Hegel, for example. People today have forgotten what they live for, that's why every life needs a war. Then they'd regain sense of what makes a human life more valuable than a rock!"

This loss of signification is so resonant with Werner Büttner's paintings from this period. *Denn sie wissen, was sich gehört* (1983)—two hands meeting like God and Adam's in the Sistine Chapel, except these hands are those of hairy primates—asks not what is the difference between a human and a stone, but a man and a monkey. In the epic triptych *Transit I - Homo Erectus - Transit II* (1983), one helicopter lifts an elephant, another a howitzer around a giant may pole. There is a war going on here, it seems, it is just not one that is lent much gravity.

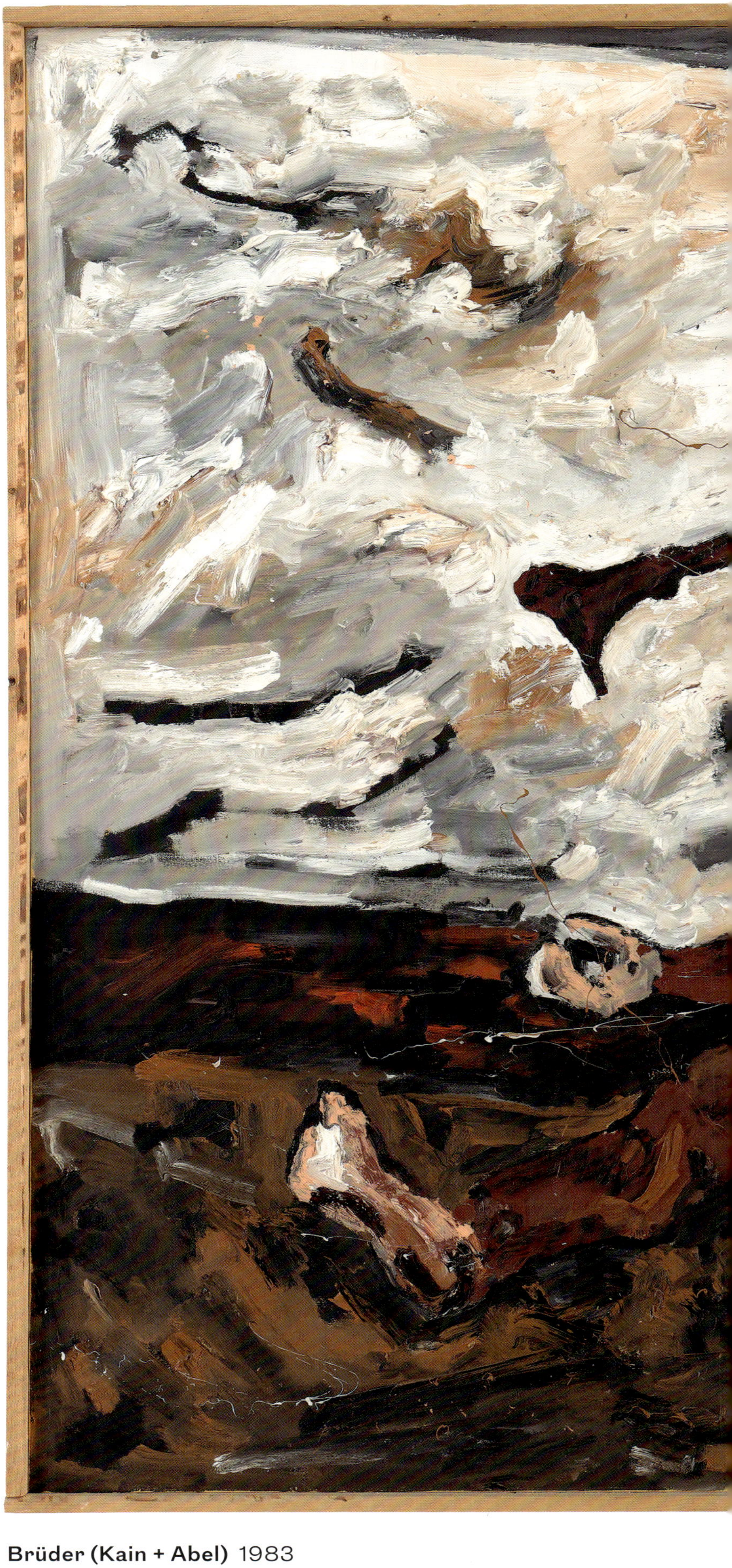

Brüder (Kain + Abel) 1983

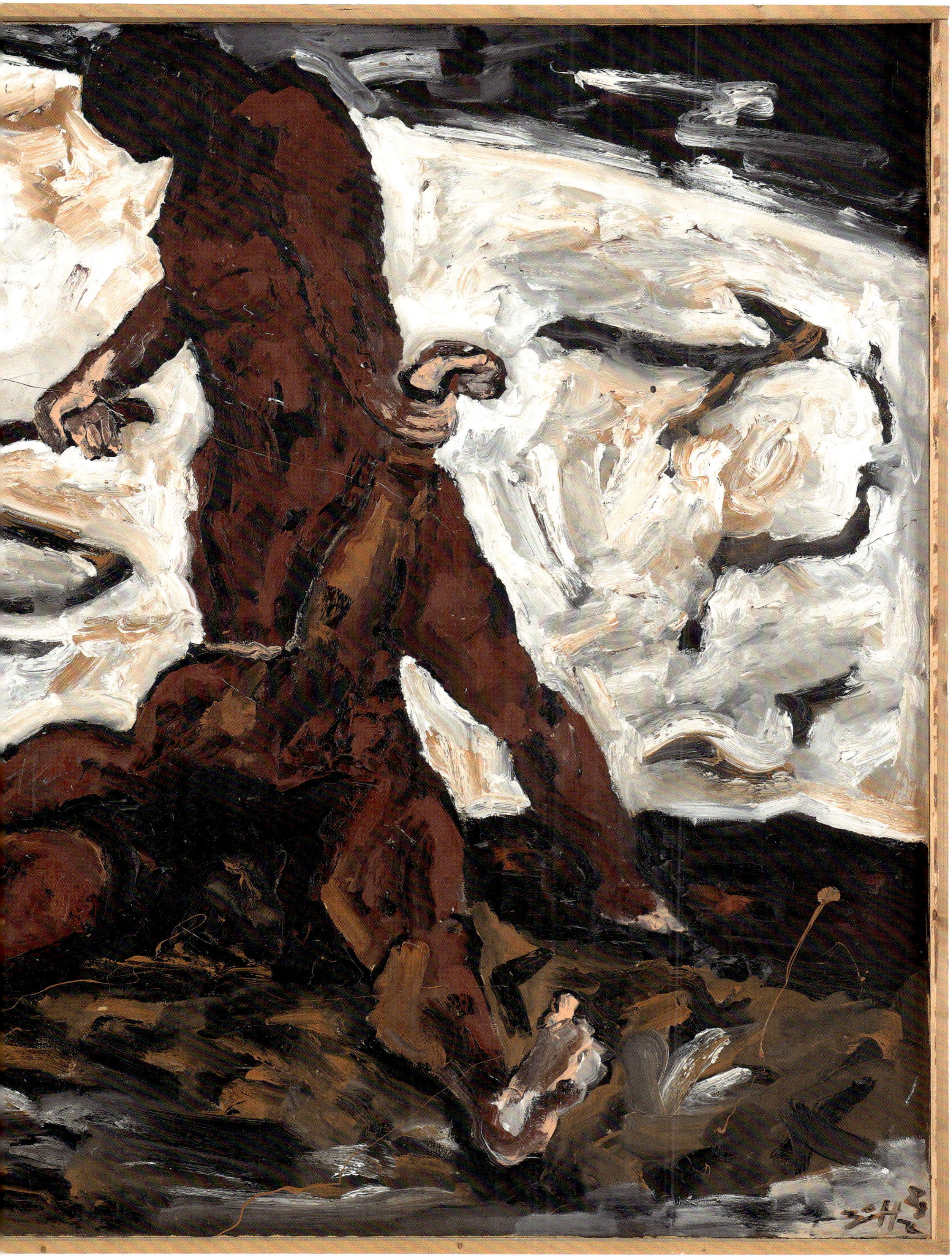

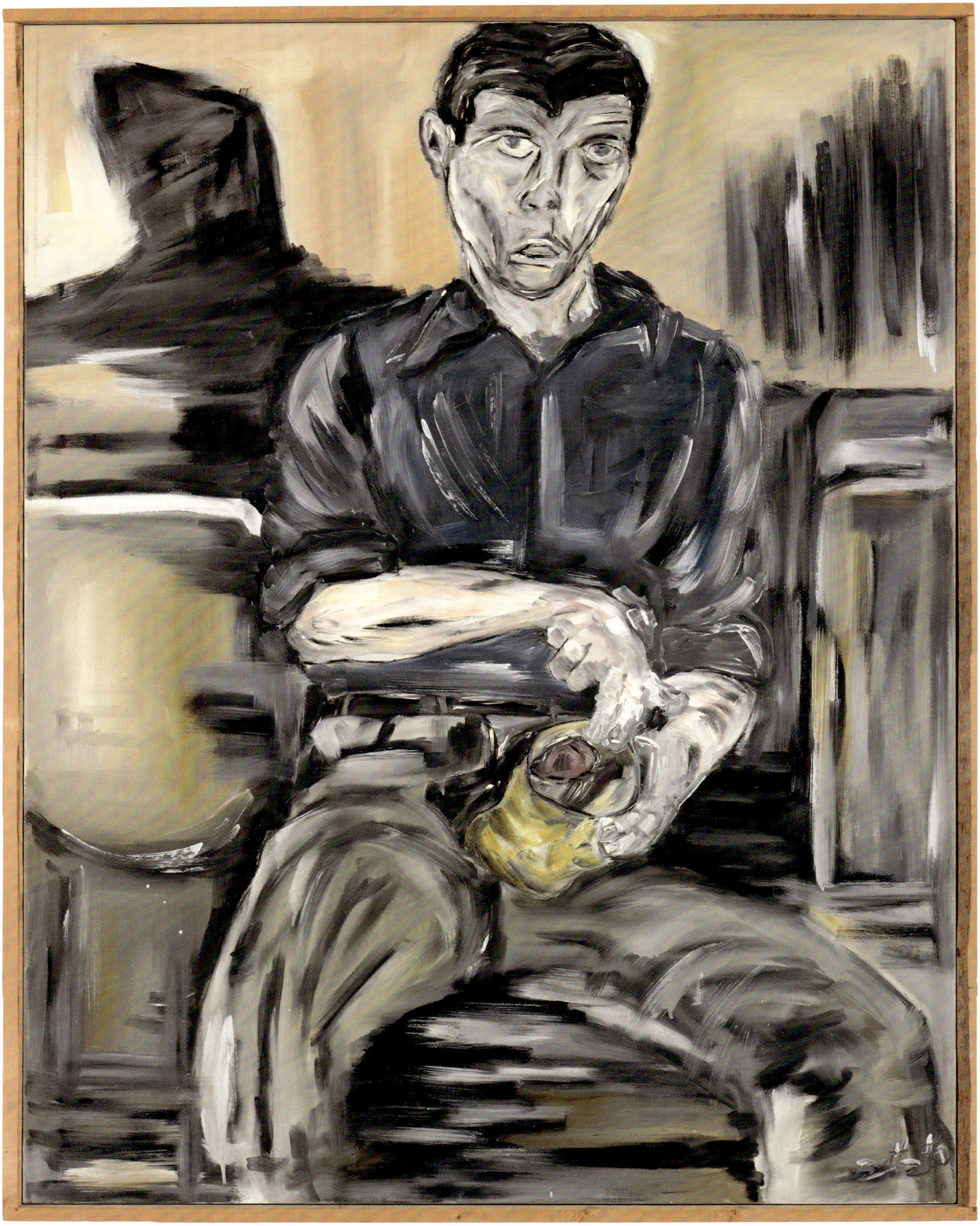

Selbstbildnis im Kino onanierend 1981

Without getting too deep in Schopenhauer, even the problem of translating his title into English speaks volumes. Some translations prefer "presentation" to "representation" for its emphasis on the performative aspect of "Vorstellung," which can also refer to a theatre play, something fictional and imagined. How loose can the signifier get? Both Büttner and Fassbinder speak to a world in which the reality of things is radically subordinate to how they are presented, and how we perceive them. All of life is a stage, every character wears a mask, and each presentation may be as true or untrue as the next. On that stage is another one: art. Minus times minus is plus, but can meta times meta—stage upon stage—break through the negative of perception in the same way? Put differently, do we need war to understand the difference between a human life and a rock, or can art do some of that work for us? And following that, is Büttner's nihilism a way of giving up on that quest, or the opposite?

Büttner wanking at the movies illustrates a passive way of being in the world—of letting the world be. In *Sozialstaatimpression* (1980), he portrays the social state as a wounded gorilla in a composition not dissimilar to his self-portrait. Between these two works, it seems the artist—and perhaps the concept of masculinity more broadly—has arrived at "Endstation" Dumbstick, and the rest of society, also figured as male, is trailing right behind him.

But while the wanking itself suggests disinterest in the world (in psychoanalysis, autism is closely associated with auto-eroticism), making a painting of it does not. Like pop songs, these works give form to what you might have already been feeling, and, as such, relief. Or at least there is something to be seen here on the doubled stage of art that makes the depressed detachment if only slightly more comprehensible. This is not the same as criticality, or even self-consciousness—I don't get the impression Büttner sets out to to be clever. Contrary to much of the later work, there also isn't a lot of humour to be found in these paintings. Rather, something weary, or worried moves across his canvasses. If it wasn't so melancholic, so fearful, I might describe it as care. Looking at the Michelangelo riff again, it is as if the hairy ape hands are not meeting, but losing their grip. Humanity—in Büttner, as in the Bible, always just Man, a big old *sic!*—is rendered as both debased and out of touch. Outside of what can be said about a crisis of masculinity, the crisis of signification evoked here, as in *Die dritte Generation*, is also of a more subjective kind; a crisis located at the disintegrating margins of sanity.

I recently came upon Rainald Goetz' debut novel *Insane* (orig. *Irre*) first published in 1983. In the novel, Goetz makes reference to Albert Oehlen, Diedrich Diederichsen, and what he calls "the new fun painting."[1] Looking at not just these works by Büttner, but a lot of what was made by his peers at the time, I'd reconsider whether fun is exactly the right word. No-fucks-left-to-give painting rolls less easily off the tongue. Goetz also contributed a text to Büttner, Oehlen, and Martin Kippenberger's *Malen ist Wahlen* exhibition catalogue in 1992, so he was part of the scene. But the kinship between *Insane* and Büttner's paintings has more to do with a certain dark and slanted way of seeing.

Through Goetz, we follow the young doctor Raspe as the boundaries between insanity—framed by the psychiatric clinic where he works—and its purported opposite, "society," begin to blur. "I do not want to become like Schlüssler, like Singer, like Reiter," Raspe thinks of his older colleagues, "I do not want to become like I am ... Everything needs to be different. Everything makes no sense. So, nothing makes sense." *Insane* is a story about total subsumption and deep implication. On the weekends, "everything dissolves in alcohol," and as Rapse's own deterioration starts to mirror that of the patients', so the possibility of any distance, any enlightened, critical position, becomes untenable. Büttner's *Heroin für Bremen* (1979) is a vortex of grey, maybe an underground train tunnel. All that separates a person from the city around them is the skin, and how thin the skin is, in the end; how quickly everything can be absorbed into the same haze of speed. "From the kitchen, Raspe shouts: What's the point of wanting? Psychiatry shouts back: What? Raspe says: Doesn't matter." What's the point of painting? Why not jerk off at the cinema?

Works like Büttner's *Stilleben mit Wolpertinger und beschädigtem de Chirico* (1984) and *Moderne Kunst B* (1984) in particular figure the deranged and tormented perspective of the insane; gloomy, nightmarish interiors without architecture and gravity. Yet what they reference most explicitly is art, not madness. An idiosyncratic take on the mythical animal wolpertinger, duck-legged and rabbit-eared, sees something not unlike itself in a broken de Chirico painting. Likewise, while reading *Insane*, I kept wondering what the role of the artist, or art, is in Goetz' gallery of characters. As one of Raspe's friends suggests, "madness is revolt, man, madness is art!" That is, the insane themselves are the artists, who, as they smear their own shit onto the tiled walls of the institutions that contain them, lay bare the world's ills. But "apart from this question of will," rants the well-read pal, "apart from the fact that the insane person willingly chooses madness as an optimal mode of emancipated accommodation of state and capital .... Your job [Raspe's] at the clinic, at a psychiatric clinic, is the epitome of reactionary politics in action. A society that consistently makes its members ill, mentally ill in particular, employs psychiatry to help itself survive." Later on, Raspe—or some version of him, at that point closer to Goetz himself—does wonder whether he "should ditch culture and go for Marxism," he reasons, "Then at least I'd have something to hold on to." But in the moment he's not having the "mental masturbation shit:" "The crazies are crazy," he retorts, "Take a look for yourself. And insanity is not art, not in the least, it's not revolt. They're poor devils, the insane, the insane are the poorest devils I know."

So, there is a difference! Like war, the clinic has allowed Raspe to grasp it, but only fleetingly. For what the gradual conflation of the Raspe character with Goetz himself, a writer, suggests, is that you can never escape the influence of your subject, or your patients, just as you cannot help but exert your influence upon them. This, of course, is called power, and it usually comes unbalanced. So, does an artist such as Büttner (or a writer such as Goetz), rather than embody the pains of society, drag them onto a stage, like the old Professor Schlüssler drags Mr. Fottner, an involutional melancholic described as "nothing more than a pair of house shoes," in front of an audience of students? Goetz' narrator notes that "most [students] seemed to sense quickly that [Schlüssler's] ruthless honesty was nothing more than the entire horror, and therefore the truth, of psychiatry, and along with it the compromises the psychiatrist faced, the unreasonable demands of his office, which almost inevitably made him into a monster."

In Büttner's paintings we see some horror, and some truth, some meaninglessness, at least. And what we see in his self-portrait is that he is both patient and doctor. So, is the artist inevitably a monster? Or are those of us acting on the stage-on-stage of culture not, as it is sometimes argued, merely shooting blanks? Regardless, Schlüssler's style of pedagogy has become mortally unfashionable. On the question of art, the jury is still out. All the same, forty years later, the sense has returned that there is some difference, after all, between a person and whatever else: a pair of house shoes, a gorilla, a rock. This is both for better and for worse.

Berlin, January 2020

1 Rainald Goetz, *Insane*, (Trans. Adrian Nathan West), London 2017, p. 324.

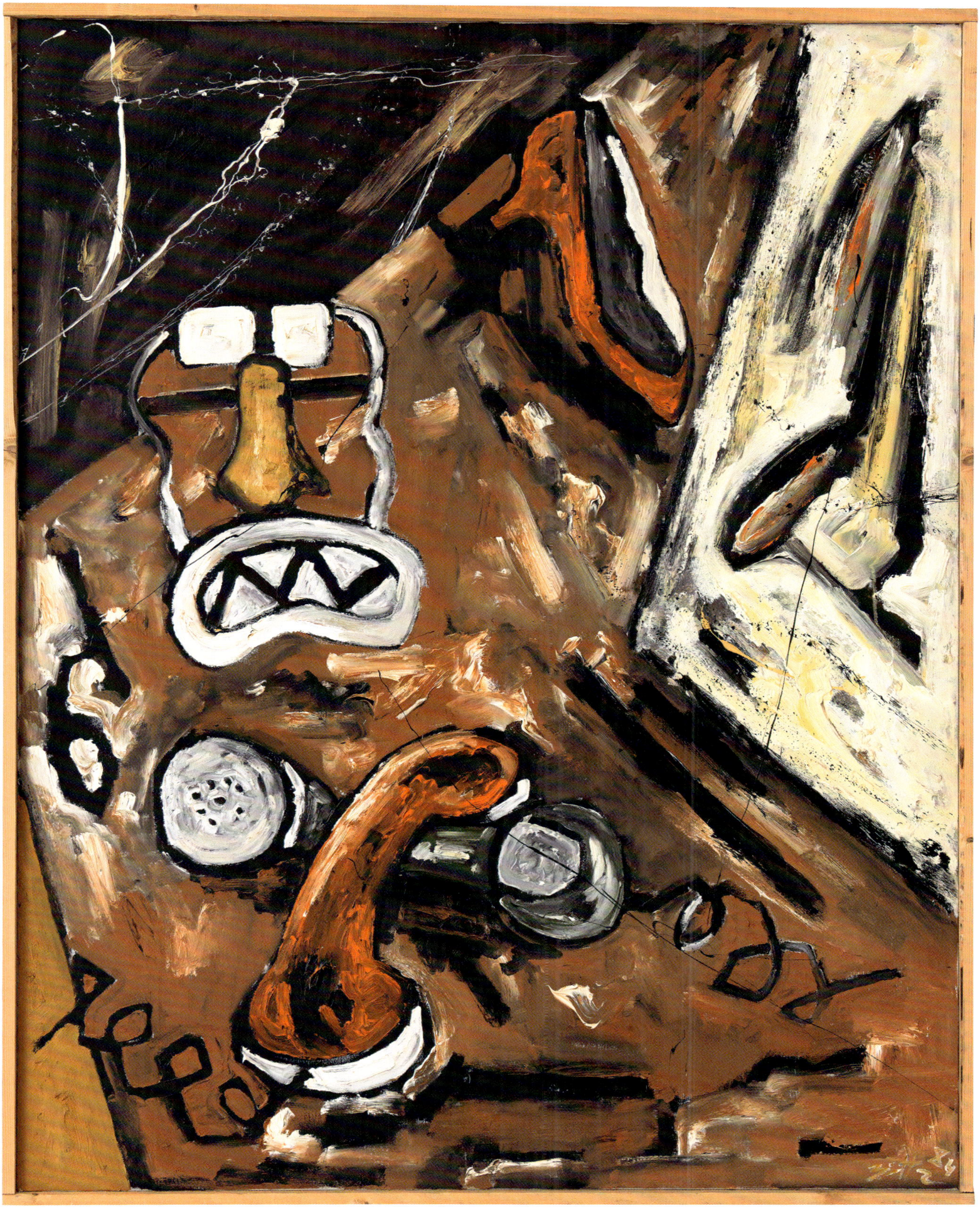

Moderne Kunst B 1984

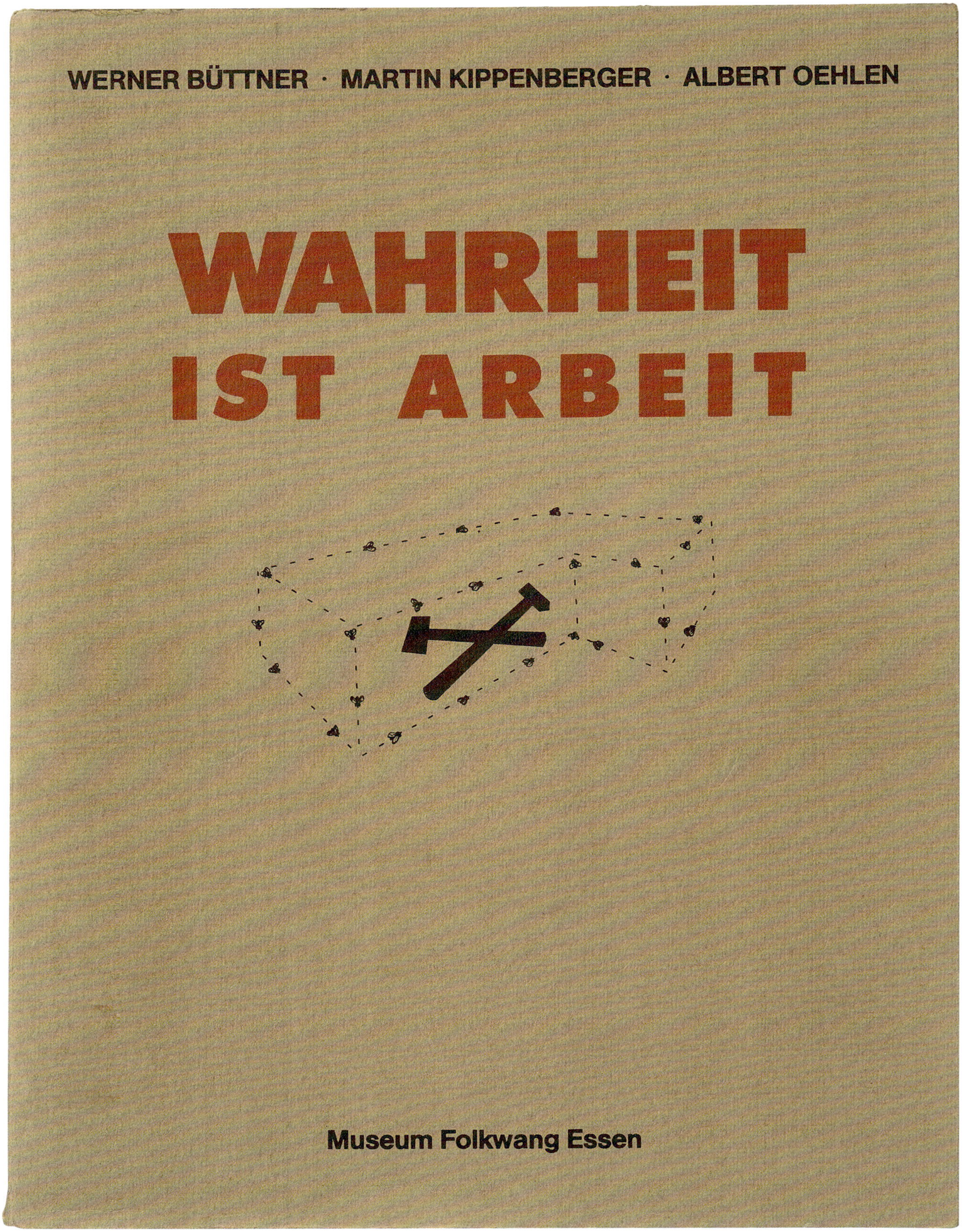
WERNER BÜTTNER · MARTIN KIPPENBERGER · ALBERT OEHLEN
WAHRHEIT
IST ARBEIT
Museum Folkwang Essen

Zdenek Felix

Wahrheit ist Arbeit

Mit vierzehn Bildern von Werner Büttner aus den Jahren 1979 bis 1984 fokussiert die Ausstellung bei Contemporary Fine Arts auf das radikale Aufkommen der figürlich-expressiven Malerei, wie es sich innerhalb der Kunst in Deutschland in dieser Periode abgespielt hat. Der 1954 in Jena geborene und seit den 70er Jahren in Hamburg lebende Maler gehörte von Anfang an zu den wichtigsten Protagonisten dieses Aufbruchs. Seine Position innerhalb des damaligen Kunstdiskurses war insofern besonders, als er von Anfang an Sprache und mit deren Hilfe politische, aber auch kulturhistorische Stoffe in seine Produktion einbezogen hat.

Der unerwartete, heterogene Ausbruch der Malerei um 1980 spielte sich zuerst in spontan entstehenden Manifestationen ab: *Elend* 1979 in Berlin, *Aktion Pisskrücke* 1980 in Hamburg, *Mühlheimer Freiheit und interessante Bilder aus Deutschland* 1980 in Köln, *Junge Kunst aus Westdeutschand '81* 1981 in Stuttgart, *Rundschau Deutschland 1* 1981 in München und *Rundschau Deutschland 2* 1981 in Köln. Etwas später haben Museen und Kunsthallen in Basel, Bologna, Essen, Groningen und Rotterdam mit speziellen Ausstellungen dazu beigetragen, dass eine veritable Welle des Interesses und der Euphorie, zum Teil von Skandalen, Protesten und Kritik begleitet, über die Ränder der medialen Aufmerksamkeit schwappte.

Für die plötzliche „Bilderflut" hat sich der von der Malweise des französischen Fauvismus abgeleitete Begriff „Les fauves" als dauerhafte Bezeichnung eingebürgert. Irrtümlich allerdings, denn mit dem klassischen Fauvismus oder Expressionismus hatten diese „Neuen Wilden" nur vereinzelt etwas gemeinsam. Weil uneinheitlich strukturiert, zerfiel das widersprüchliche Feld dieser „wilden Malerei" nach 1984 rasch in einzelne individuelle Positionen. Unvermeidlich kam es zur Differenzierung, besonders im inhaltlichen und strategischen Sinne.

Zu einer markanten Zelle mit ausgeprägt anarcho-kritischer Ausrichtung hat sich das Trio Werner Büttner, Martin Kippenberger und Albert Oehlen in Hamburg herausgebildet. Als teils reguläre, teils temporäre Studenten an der dortigen Hochschule für Bildende Künste haben diese drei Kunstadepten sehr früh eine gemeinsame Haltung gegenüber der Gesellschaft, dem Kunstbetrieb und den moralischen Tabus eingenommen. Zum Credo der Arbeit wurde eine auf Inhalte bezogene, programmatisch subversive Bildsprache erkoren: „Bad Painting", die man als „Ausdruck der fiesen Wirklichkeit" (Büttner) verstehen wollte.

Einen wichtigen Bezugspunkt der eigenen Arbeit bildete dabei das Interesse an der subkulturellen Musik, besonders am Punk. Als Klammer der gemeinsamen Strategie dürften Anleihen von Themen aus dem politischen Geschehen, die Verweise auf gesellschaftliche Missstände, verbunden mit der Verspottung des bürgerlichen Umfeldes, gelten. Aus dem gesellschaftlichen Abseits als „kämpfende Solitäre" forderten sie die in ihren Augen desolate Realität durch süffisante Affirmation heraus. Der berühmte Spruch von Albert Oehlen lautet: „Unsere Taktik, wenn man das so nennen darf, heißt: Eintauchen in das, was da ist, und sich selber auf die Leinwand schmieren. Im Grunde genommen sind wir fast unbeteiligt bei der ganzen Geschichte. Wir lesen morgens die Zeitung und malen mittags. Für das Ergebnis ist dieser Staat verantwortlich."

Mich persönlich hat diese Haltung früh angesprochen. Als Ausstellungsleiter des Museum Folkwang lud ich die drei Künstler 1983 ein, ihre Arbeiten in Essen vorzustellen, was in einem Haus mit einer berühmten Sammlung klassischer Moderne angesichts des ausgestellten, damals

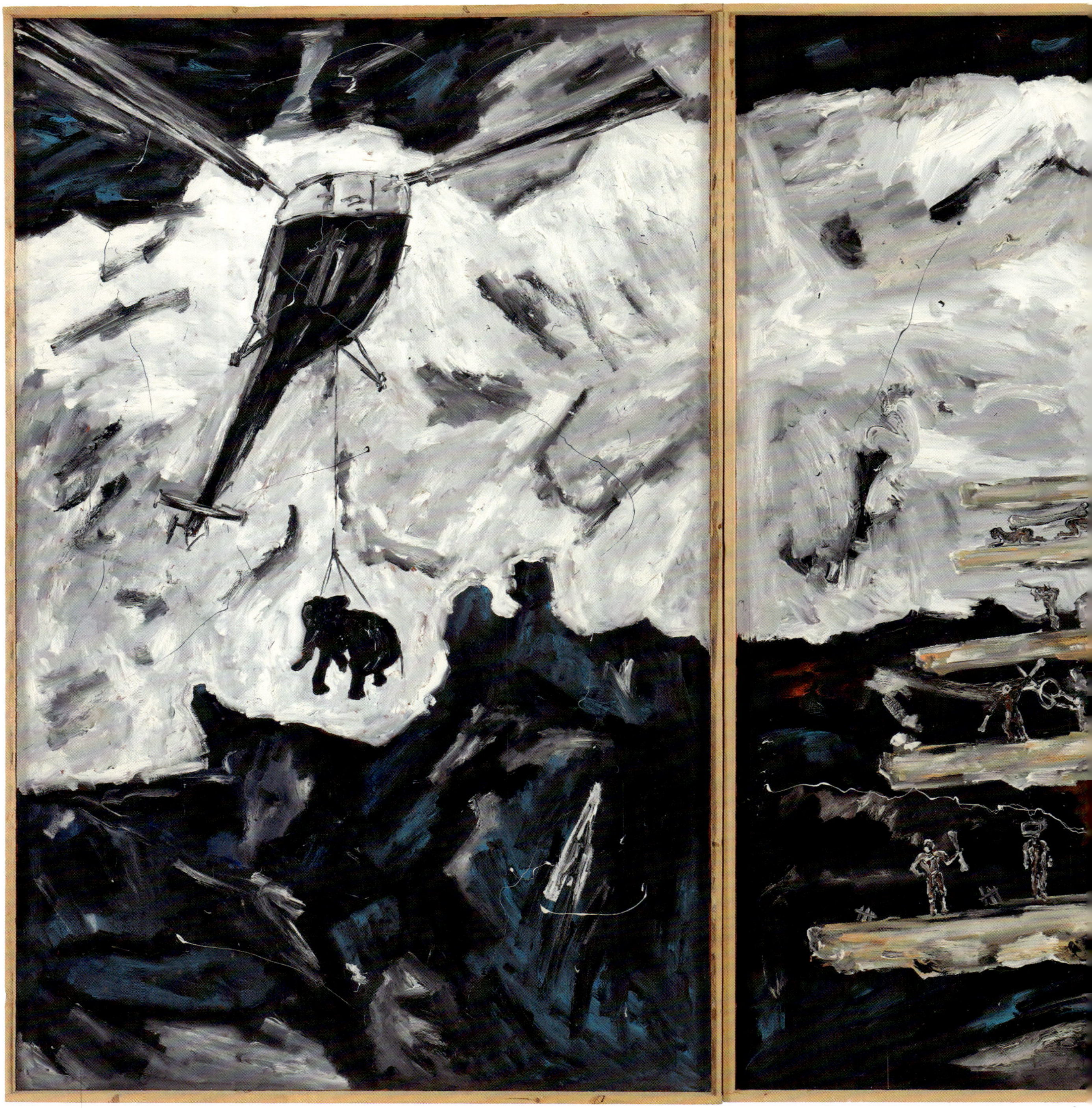

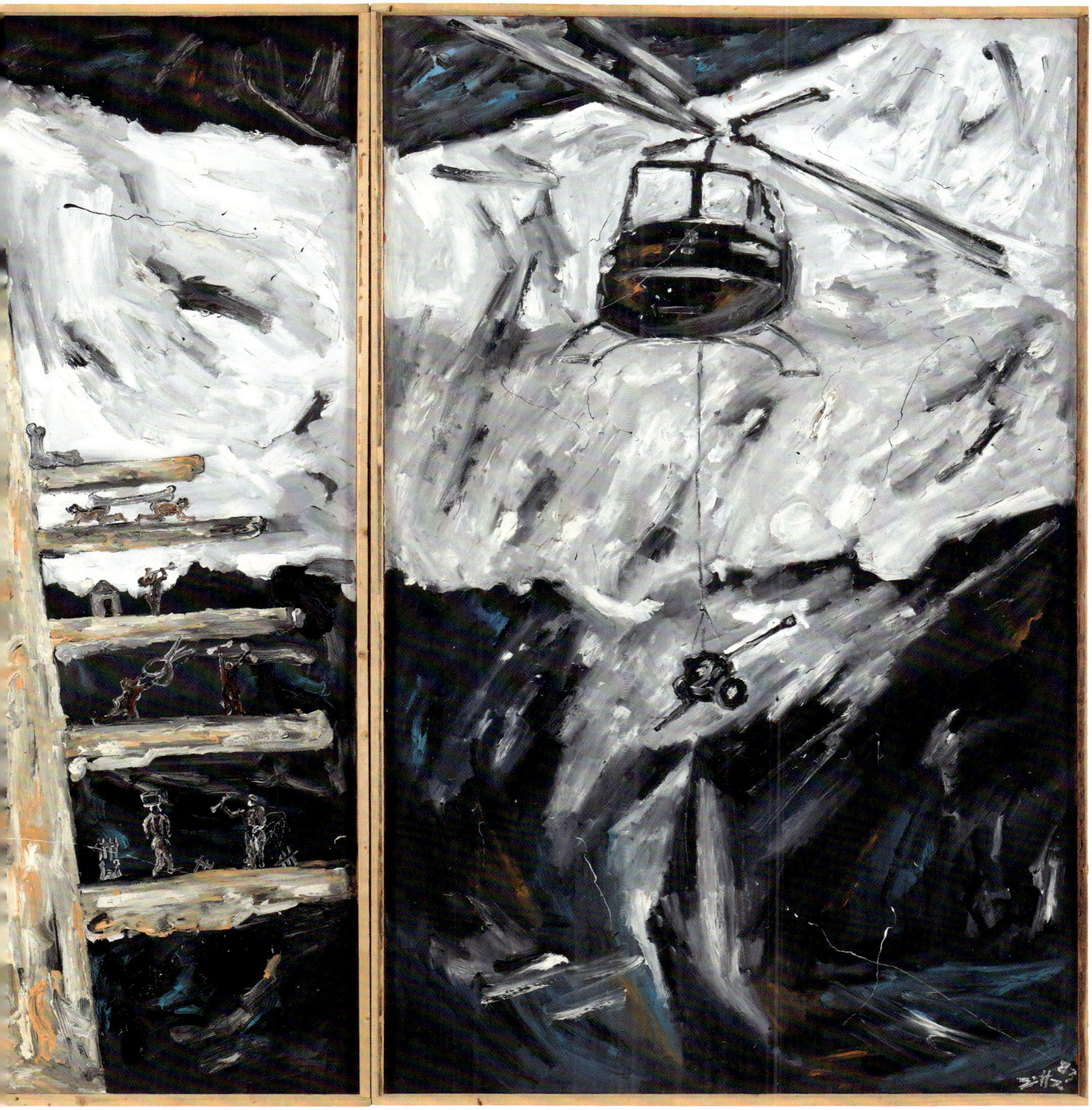

Transit I - Homo Erectus - Transit II 1983

ziemlich provokanten Materials ein Risiko war. So ist ein Jahr später die von dem gleichnamigen Buch begleitete, inzwischen legendäre Schau *Wahrheit ist Arbeit* entstanden. Werner Büttner und Albert Oehlen hatten Ateliers in Hamburg, und ich besuchte sie wegen der Vorbereitung der Essener Ausstellung. In Ausschnitten konnte ich verfolgen, wie sich das Buch entwickelte. Gearbeitet daran wurde bis kurz vor Ausstellungsbeginn. Meine Kenntnisse des Inhalts waren eher marginal, doch war ich mir meiner Sache sicher. Das Resultat hat das Wagnis bei Weitem überwogen: Die mit zahlreichen Texten und Abbildungen „collagierte" Publikation avancierte mit zunehmender Entfernung von der Essener Premiere zum Manifest der Hamburger Gruppe und zu einer Fibel eines Teils der Generation der 80er Jahre.

Aus der Ausstellung *Wahrheit ist Arbeit* werden bei CFA einige Bilder präsentiert. So das *Stilleben mit Wolpertinger und dem beschädigten de Chirico*. Man sieht eine Szene, in der ein ausgestopfter Wasservogel, vielleicht eine Ente mit Schafskopf und Hörnern, auf ein offensichtlich demoliertes Gemälde des italienischen „Metaphysikers" Giorgio de Chirico schaut. In dem dargestellten „Bild im Bild" lässt sich der Hinterleib eines Pferdes mit üppigem weißen Schweif erkennen. Der Wolpertinger, eine Scherzfigur bayerischer Tierpräparatoren und Spukgestalt gleichermaßen, blickt auf ein mythologisches Tier der Antike. Warum steht er aber in einer flachen Keramikschale? Und warum ist der Rahmen des Bildes zerbrochen? Die dünnen, an die „drip paintings" von Jackson Pollock erinnernden Farbspritzer weisen auf das Malerische der Szene hin. Mit Humor weist Büttner auf die Fragwürdigkeit der traditionellen Auffassung der sogenannten Moderne hin, die von de Chirico nach 1918 radikal infrage gestellt wurde.

Wie hintersinnig und kryptisch sich die frühen Bilder von Werner Büttner gebärden, zeigt ein anderes Beispiel. Zu Beginn des Rundgangs sieht man ein merkwürdiges Gemälde mit dem Titel *Shehus Tod*, 1984. Ein alter Stuhl steht in der Mitte eines heruntergekommenen Raumes, auf dem Boden davor liegt eine abgehackte Hand. Aus der bei Büttner üblichen Spannung zwischen Darstellung und Titel ergibt sich der Sinn des Bildes. Man muss wissen, dass Mehmed Shehu von 1944 bis zu seinem Tod ein einflussreicher albanischer Politiker war, der, vom kommunistischen Diktator Enver Hoxha als „Volksfeind" denunziert, 1981 auf mysteriöse Art von der politischen Bühne verschwand. Büttner malte übrigens später eine „teurere" Version des Themas, die anstelle des einfachen Stuhls, Sorte „Mittelklasse", einen „komfortablen Ledersitz" präsentiert. Dem abgründigen Thema des politischen Mordes wird hier eine bitter-sarkastische Pointe abgerungen.

Grundsätzlich gilt bei den frühen Werken von Büttner, dass sie keinesfalls artistisch, formal oder ästhetisierend ausgerichtet sind. Alleine die ruppige Malweise, mit schwarz vermischte Farben, dramatische Abbreviaturen von Bildgegenständen und „unschöne" Motive bringen diese Darstellungen in die Nähe des sogenannten Bad Painting, dessen Tradition von Francis Picabia über Asger Jorn bis Philip Guston und Julian Schnabel reicht. Büttner, Kippenberger und A. Oehlen fügten dieser Haltung ein eigenständiges Kapitel hinzu.

Nehmen wir ein anderes Gemälde von Büttner: *Mutwillig zerstörte Telefonzelle*, 1981, ein Bild vom Elend städtischer Räume, welche von einem Teil der Bevölkerung benutzt, vom anderen als Zielscheibe der Aggression und des Protests missbraucht werden. Auch wenn es heute solche Zellen kaum mehr gibt, steht die von einem gestreiften Band notdürftig abgesperrte Kabine mit zerschlagenen Glasfenstern für die sozialen Probleme der BRD in den 80er Jahren. Dass ein solcher Stoff zum Thema des Bildes wird, mag zynisch anmuten, entspricht aber der von Büttner stets betonten Verbindung zwischen Kunst und Gesellschaft. Zugleich wird der Malerei, unabhängig vom Motiv, der Rang als bevorzugtes Medium der künstlerischen Arbeit zugewiesen.

In einem Gespräch mit Roberto Ohrt sagte Werner Büttner 1991: „[I]ch arbeite an einem Ideal der Schäbigkeit ... und versuche, dieses Ideal in Wohnung, Galerie und Museum unterzubringen, damit es der Menge der Widersprüche, die im Genom dieses Planeten verankert sind, adäquat wird." Diese Aussage kann als Motto für viele Werke Büttners gelten. So erscheint bei ihm die Malweise oft „hässlich" und die Themen abstoßend, weil sie dem Elend und der Neigung zur Gewalt in der Gesellschaft entsprechen. Im Gemälde *Brüder (Kain + Abel)*, 1983, thematisiert Büttner den biblischen Stoff des Brudermordes aus Neid und Hass als die Urzelle der Konflikte der Menschheit. Die brutale Szene ist in düsterem Kolorit ausgeführt, der „unschöne" Duktus unterstreicht die Aussage. Ein anderes verstörendes Bild, *Selbstbildnis im Kino onanierend*, 1981, sagt etwas über Einsamkeit und unterdrückte Sexualität aus. Zugleich wird mit dieser kruden Szene die lange Tradition von idealisierenden Selbstporträts von Künstlern unterlaufen und ein Bezug zu den den eigenen Körper entblößenden Darstellungen von Egon Schiele, George Grosz, Vito Acconci, Günther Brus und Mike Kelley bekundet.

In dem von Werner Büttner und Albert Oehlen verfassten Text für das Buch *Wahrheit ist Arbeit* liest man im Hinblick auf das Thema: „Die Suche nach der Wahrheit ist nicht nur eine der vornehmsten Aufgaben der Menschheit, sie ist auch unsere Aufgabe. Auf der Suche nach der Wahrheit bevorzugen wir die Methode, die die Reissäcke von alleine umkippen lässt. Diese Methode erkennt die Wahrheit am Duktus. Das Bild ist nicht darauf angewiesen, sich in den Menschen zu spiegeln, der Mensch ist darauf angewiesen, sich in den Bildern zu spiegeln." Der geneigte Leser kann mit Hilfe dieser Gedanken selber nach der Wahrheit dieser, auch heute noch provozierenden, radikalen Bilder forschen.

Berlin, Februar 2020

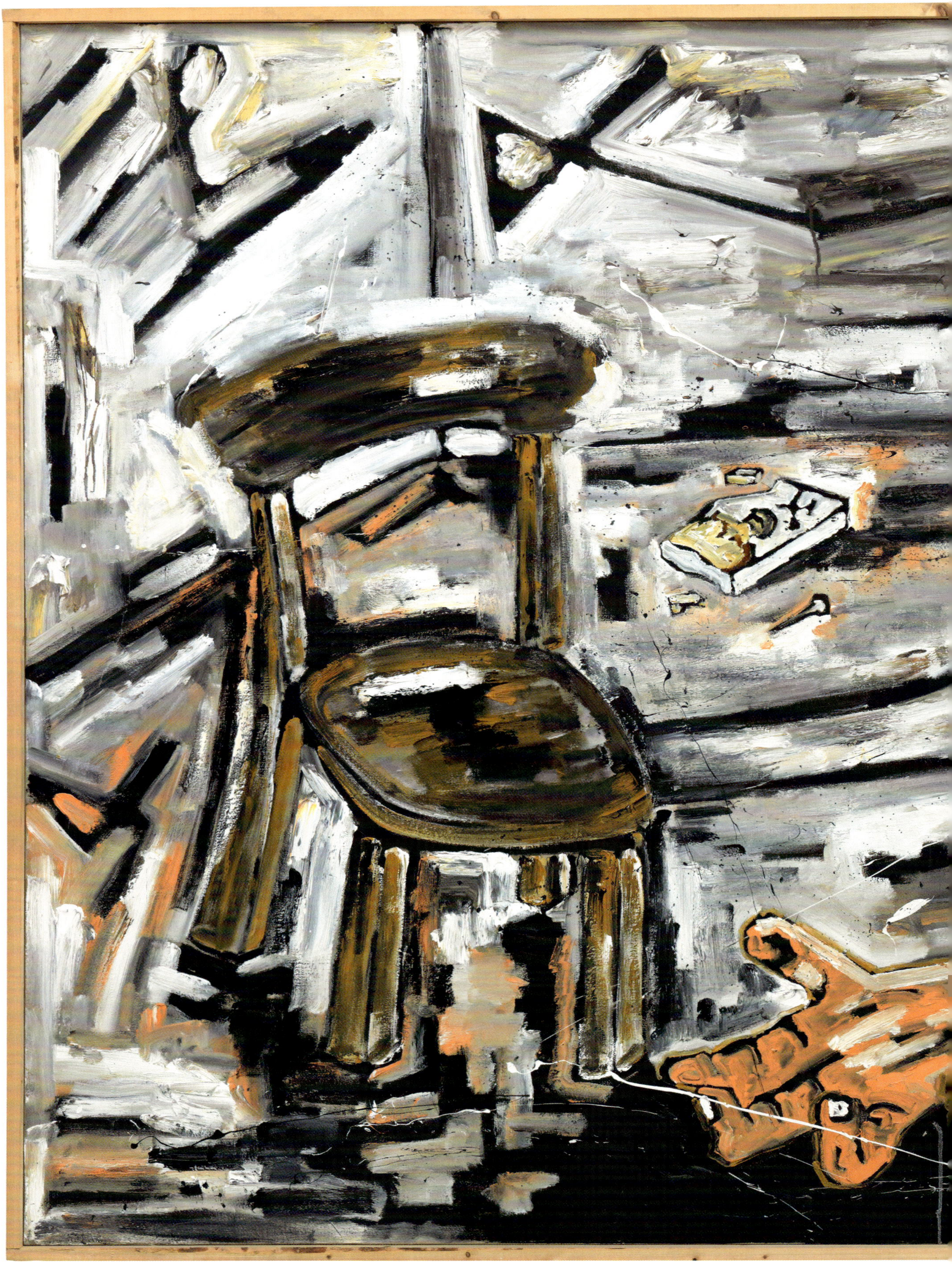

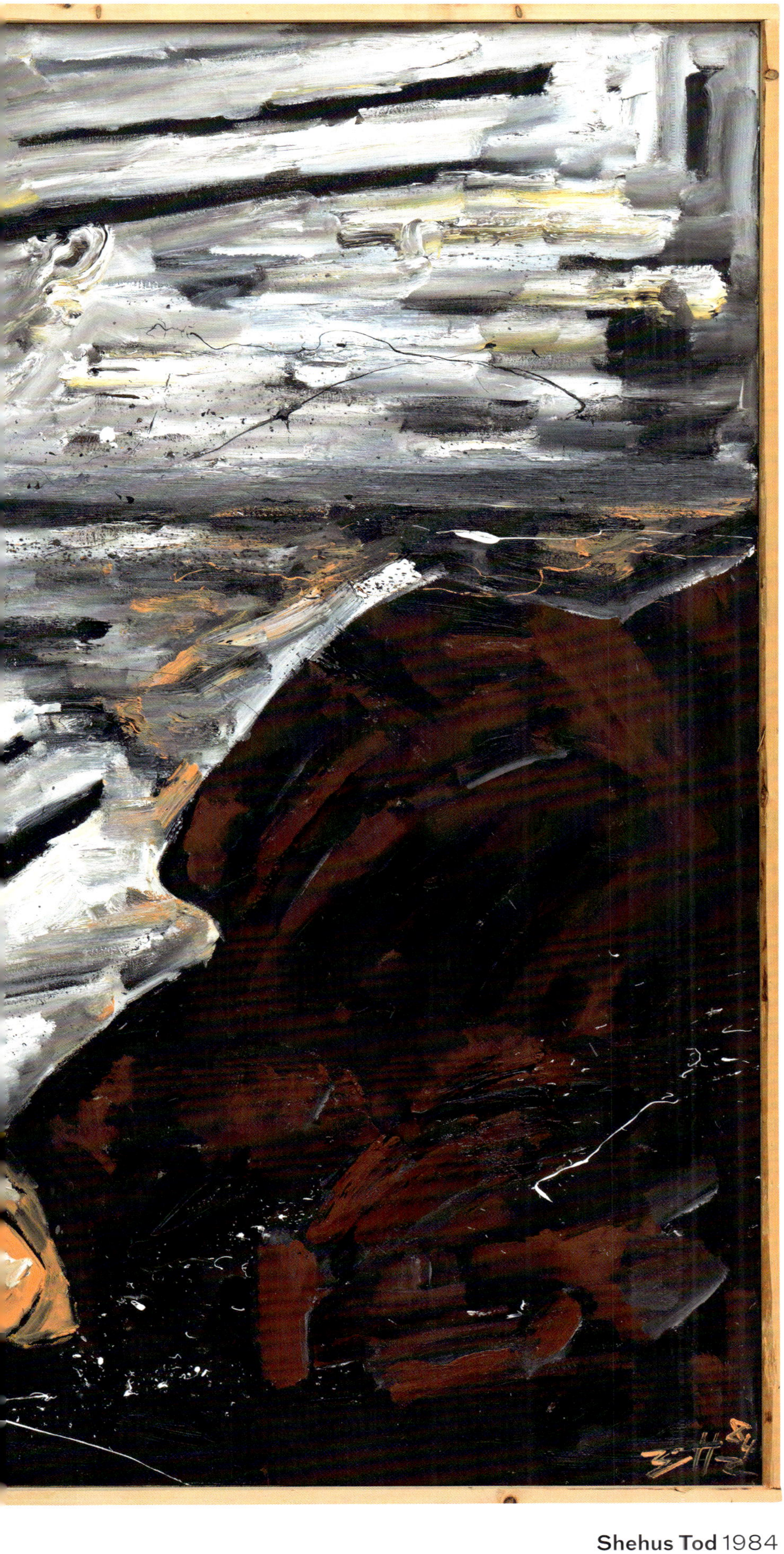

Shehus Tod 1984

Zdenek Felix

Truth is Work

In its exhibition of fourteen paintings by Werner Büttner from the years 1979 to 1984, Contemporary Fine Arts focuses on the radical rise of figurative expressionist painting that took place in German art during this period. The artist, who was born in Jena 1954 and has lived in Hamburg since the 1970s, was one of the most important protagonists in this movement from the very outset. The position he occupied within the discourse about art at that time was a special one to the extent that used language from the very beginning, and, with its help, incorporated political as well as cultural-historical matters into his work.

The unexpected, heterogeneous surge of painting in and around 1980 initially happened in spontaneous outbursts with *Elend* (Misery) from 1979 in Berlin, *Aktion Pisskrücke* (Action Piss Crutch) from 1980 in Hamburg, *Mühlheimer Freiheit und interessante Bilder aus Deutschland* (Mühlheimer Freedom and Interesting Images from Germany) from 1980 in Cologne, *Junge Kunst aus Westdeutschand '81* (Young Art from West Germany '81) from 1981 in Stuttgart, *Rundschau Deutschland 1* (Germany Review 1) from 1981 in Munich, and *Rundschau Deutschland 2* (Germany Review 2) from 1981 in Cologne. In the period that followed, museums and art galleries in Basel, Bologna, Essen, Groningen and Rotterdam put on special exhibitions which, among other things, led to a veritable wave of interest and euphoria—accompanied to some extent by scandals, protests and criticism—that extended far beyond the margins of media attention.

The term "Les fauves," derived from the painting style of the French Fauvism movement, established itself as a permanent term referring to this sudden "flood of paintings." This was misleading though, as these "Neue Wilde" (Young Wild Ones) only occasionally had anything in common with classic Fauvism or Expressionism. Lacking a uniform structure, the contradictory field of this "wild painting" soon fell apart into individual positions after 1984. Differences unavoidably arose, particularly in terms of content and strategy.

The trio Werner Büttner, Martin Kippenberger und Albert Oehlen became a prominent cell in Hamburg with a marked anarcho-critical outlook. Sometimes regular and at other times temporary students at the city's art academy, the Hochschule für Bildende Künste, they very early on had a shared demeanor towards society, the art business and moral taboos. They chose a programmatically subversive visual language for the content of their works as their credo: "Bad Painting," which they wanted people to understand "as an expression of the horrible reality" (Büttner).

An important point of reference for their own work was their interest in musical subculture, especially Punk. They borrowed subject matter from the political happenings of the time which they saw as parenthetical to their shared strategy, drawing reference to social inequality, which went hand in hand with mockery of the bourgeois milieu. Coming from the edges of society as "solitary fighters," they challenged what they saw as a desolate reality with smug affirmation. As that famous quote by Albert Oehlen says: "Our tactic, if you can call it that, is to dive into what is there and allow yourself to be rubbed onto the canvas. Basically, we are barely involved in the whole thing. We read the newspaper in the morning and paint at lunchtime. It is the state authorities who are responsible for the results."

This attitude spoke to me early on. When I was working as an chief curator of exhibitions at the Museum Folkwang, I invited the three artists to present their works in Essen in 1983. In an exhibition space with a famous collection of classical modern art, exhibiting such highly provocative material represented quite a risk at that time. The outcome, one year later, was the meanwhile legendary art show *Wahrheit ist Arbeit* (Truth is Work) accompanied by a book of the same name. Werner Büttner and Albert Oehlen both had studios in Hamburg, and I visited them there in preparation for the Essen exhibition. I was able to follow at intervals how the book was coming along. They worked on it right up until just before the exhibition. My knowledge of its contents was marginal, but I was sure about what I was doing. The outcome by far outweighed the risk. The "collaged" publication of numerous texts and illustrations advanced—the farther away it moved from the premiere in Essen—to become the manifesto of the Hamburg group and a work of reference for part of the 80s generation.

CFA is presenting several works from the *Wahrheit ist Arbeit* exhibition, including the painting *Stilleben mit Wolpertinger und dem beschädigten de Chirico* (Still Life with Wolpertinger and the Damaged de Chirico). It depicts a scene in which a stuffed water bird, perhaps a duck, but with the head of a sheep and horns, is looking at an obviously demolished painting by the Italian "metaphysician" Giorgio de Chirico. In the "picture within a picture," one can make out the abdomen of a horse with a lavish white mane. The wolpertinger, an imaginary animal put together by Bavarian taxidermists, and quite an eerie figure, is gazing at a mythological animal from the antique. But why is it standing in a shallow ceramic bowl? And why is the picture frame broken? The thin splashes of paint, which are reminiscent of Jackson Pollock's "drip paintings," refer to what is picturesque in the scene. Büttner hints with tongue firmly in cheek at the questionable nature of the traditional understanding of so-called modern art, which was radically questioned by de Chirico after 1918.

Just how enigmatic and cryptic the early works of Werner Büttner are can be seen in another example. At the beginning of the exhibition, one encounters a strange painting titled *Shehus Tod* (Shehu's Death) from 1984. An old chair is standing in the middle of a squalid room and there is a severed hand lying on the floor in front of it. The meaning of the painting can be taken from the tension that is usual in Büttner's works between what is being depicted and the title. The onlooker needs to know that Mehmed Shehu, an influential Armenian politician since 1944 until his death who was denounced by the communist dictator Enver Hoxha as an "enemy of the people," before he mysteriously disappeared from the political stage in 1981. Incidentally, Büttner later painted a "more expensive" version of this theme which depicts a "comfortable leather armchair" instead of a simple chair of the "middle class." He manages here to exact a bitterly ironic statement from the horrible subject of political assassination.

One can generally say of Büttner's early works that they are by no means designed to be artistical, formal or aestheticizing. The rough painting style alone, with black-infused colors, the dramatic abbreviated forms of the painted objects and unpleasant motifs moves what he depicts in the direction of the so-called Bad Painting, whose tradition stretches from Francis Picabia via Asger Jorn to Philip Guston and Julian Schnabel. Büttner, Kippenberger and A. Oehlen added their very own chapter to this stance.

Take another of Büttner's paintings: *Mutwillig zerstörte Telefonzelle* (Deliberately Destroyed Phone Booth) from 1981. A picture showing the misery of the urban space—used by one section of the population, abused and vandalized by another as the target of aggression and protest. Even if such booths have almost completely disappeared from the streetscape, the glass cabin

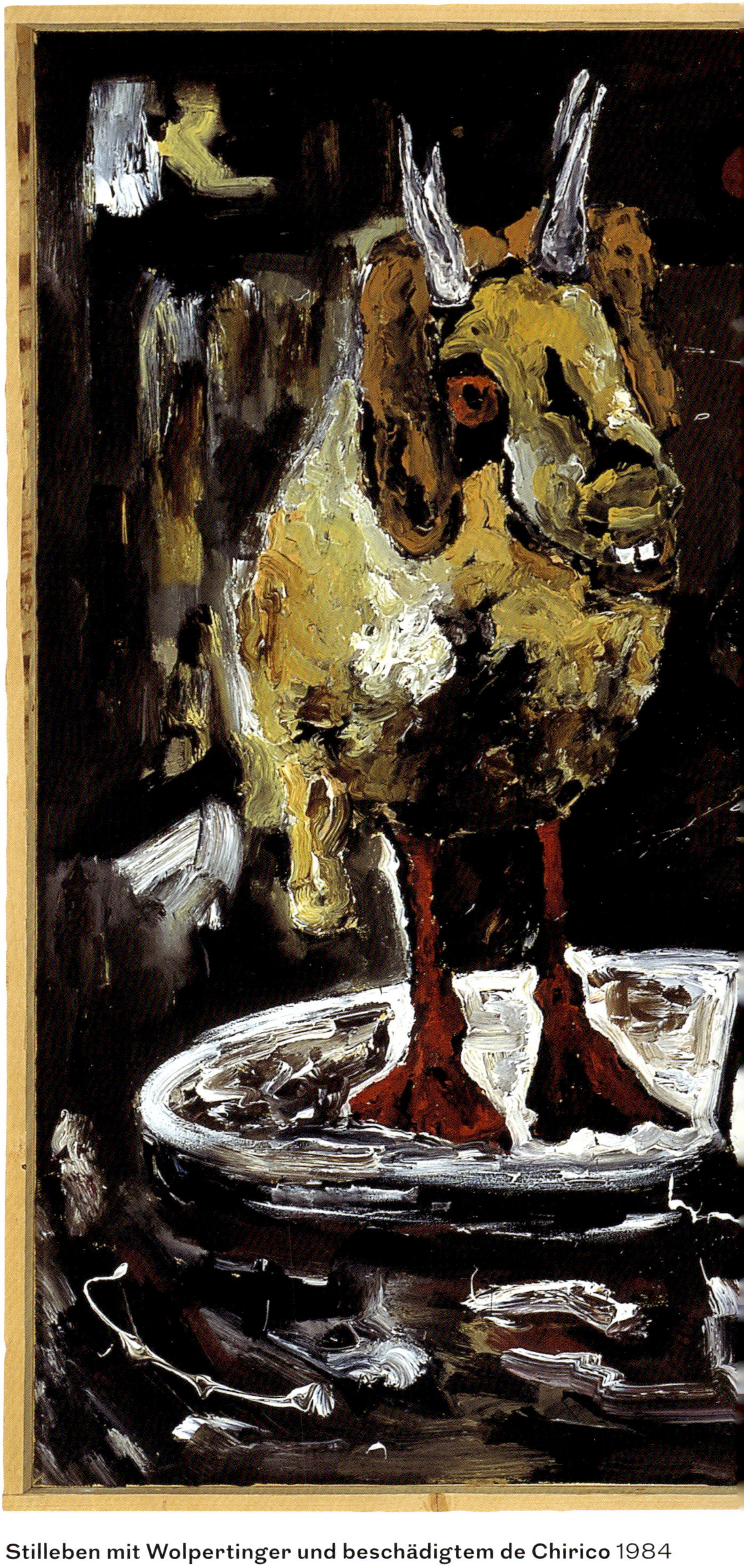

Stilleben mit Wolpertinger und beschädigtem de Chirico 1984

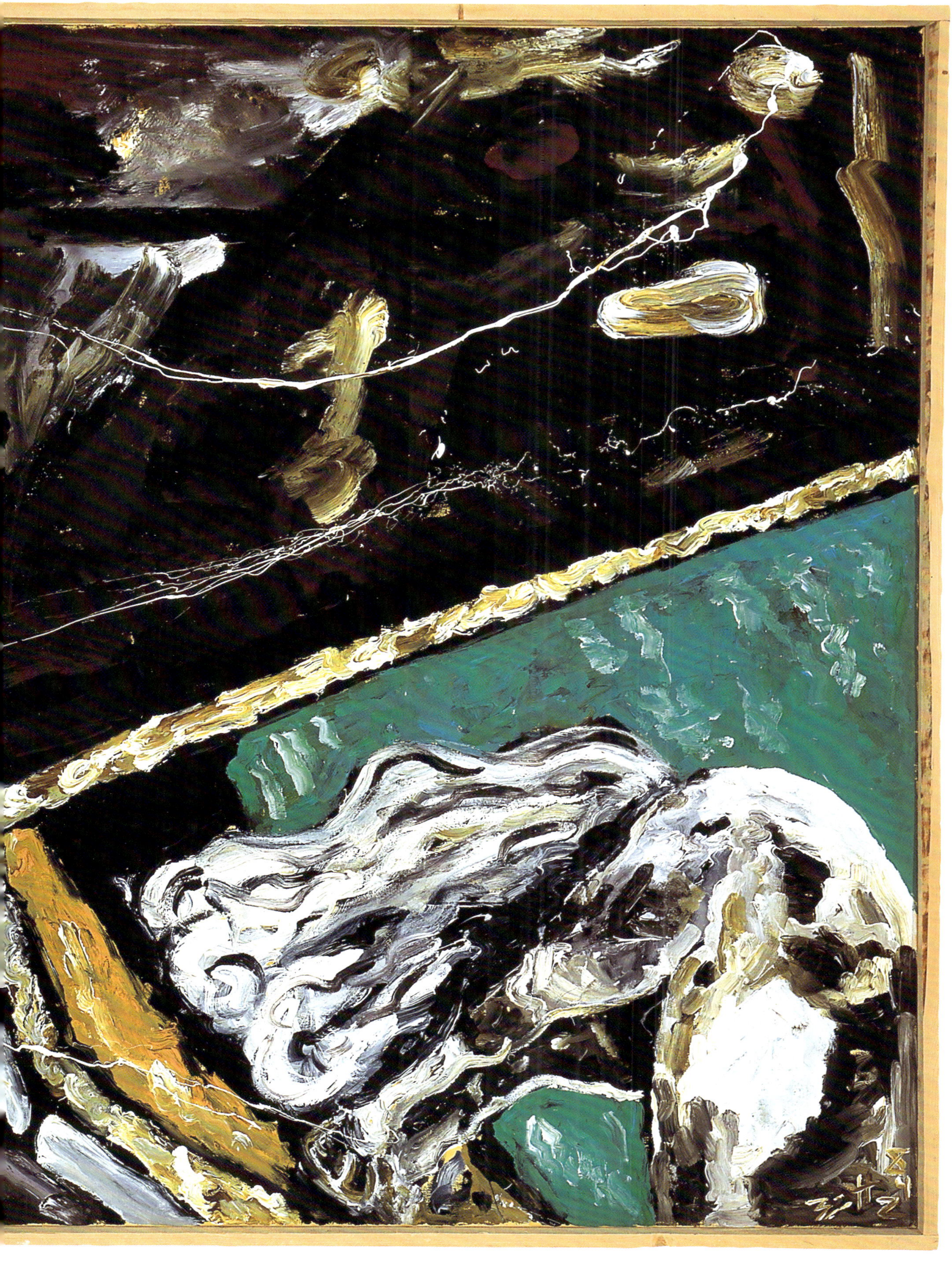

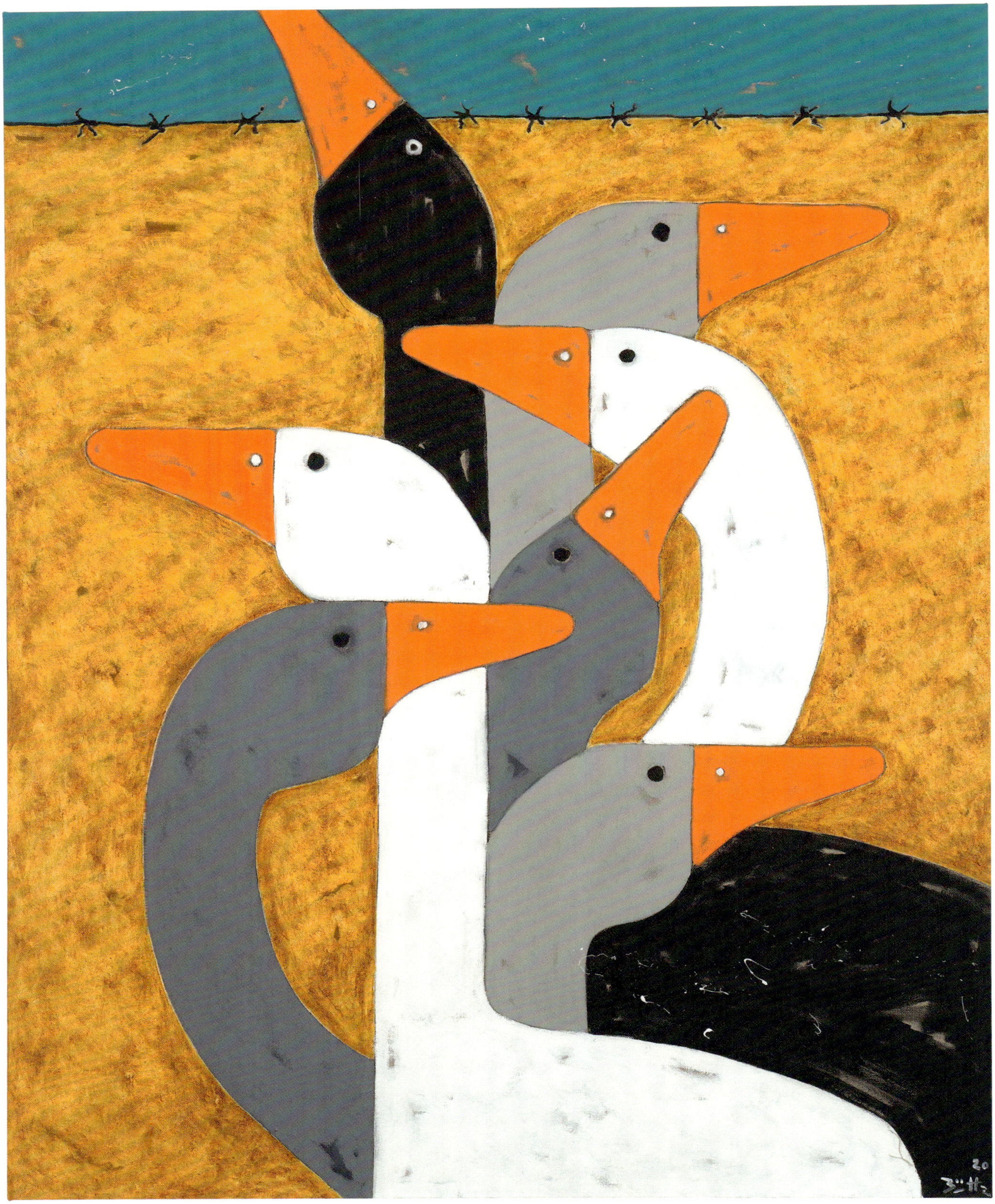

Schlachtreife Gefangene 2020

shoddily cordoned off by striped plastic tape, its panes shattered, still stands for the social problems of West Germany in the 1980s. Some may find it cynical to place such motifs in art, but it is very much in line with the connection between art and society that Büttner always stressed. At the same time, painting, independent of its motif, is once again given its proper place as the preferred medium of artistic work.

Talking to Roberto Ohrt in 1991, Werner Büttner said: "I am working on shabbiness as an ideal ... and I'm trying to accommodate this ideal in the living space, the gallery and the museum so that it adequately reflects the amount of contradictions that are anchored in the genome of this planet." This statement can be seen as a motto for many of Büttner's works. The way he paints often seems "ugly" and the topics he deals with repulsive, because they reflect the misery and tendency towards violence in society. Büttner's painting *Brüder (Kain + Abel)* (Brothers [Cain + Abel]) from 1983 deals with the biblical theme of fratricide committed out of envy and hate as the primordial cell of human conflict. The brutal scene is executed in dark tones, the characteristically unpleasant style underscores the message being conveyed. Another rather unsettling painting, *Selbstbildnis im Kino onanierend* (Self-portrait Masturbating in the Cinema) from 1981, says something about loneliness and suppressed sexuality. At the same time, this crude scene blows apart the long tradition of self-portraits by artists in which they present an idealized image of themselves and draws reference to the paintings by Egon Schiele, George Grosz, Vito Acconci, Günther Brus und Mike Kelley of themselves in the nude.

In the text written by Werner Büttner and Albert Oehlen for the book *Wahrheit ist Arbeit*, the following is said about truth: "The search for truth is not only one of the noblest purposes pursued by mankind, it is also our purpose. In the pursuit of truth, we prefer to apply methods that allow the seemingly inconsequential to reveal itself. This method recognizes the truth in the ductus. The image is not dependent on its reflection of mankind, rather mankind depends on reflecting itself in images." The reader who is so inclined can use this thought to explore the truth of these paintings, which today remain as provocative and radical as ever.

Berlin, February 2020

Translated from German by Lindsay Jane Munro

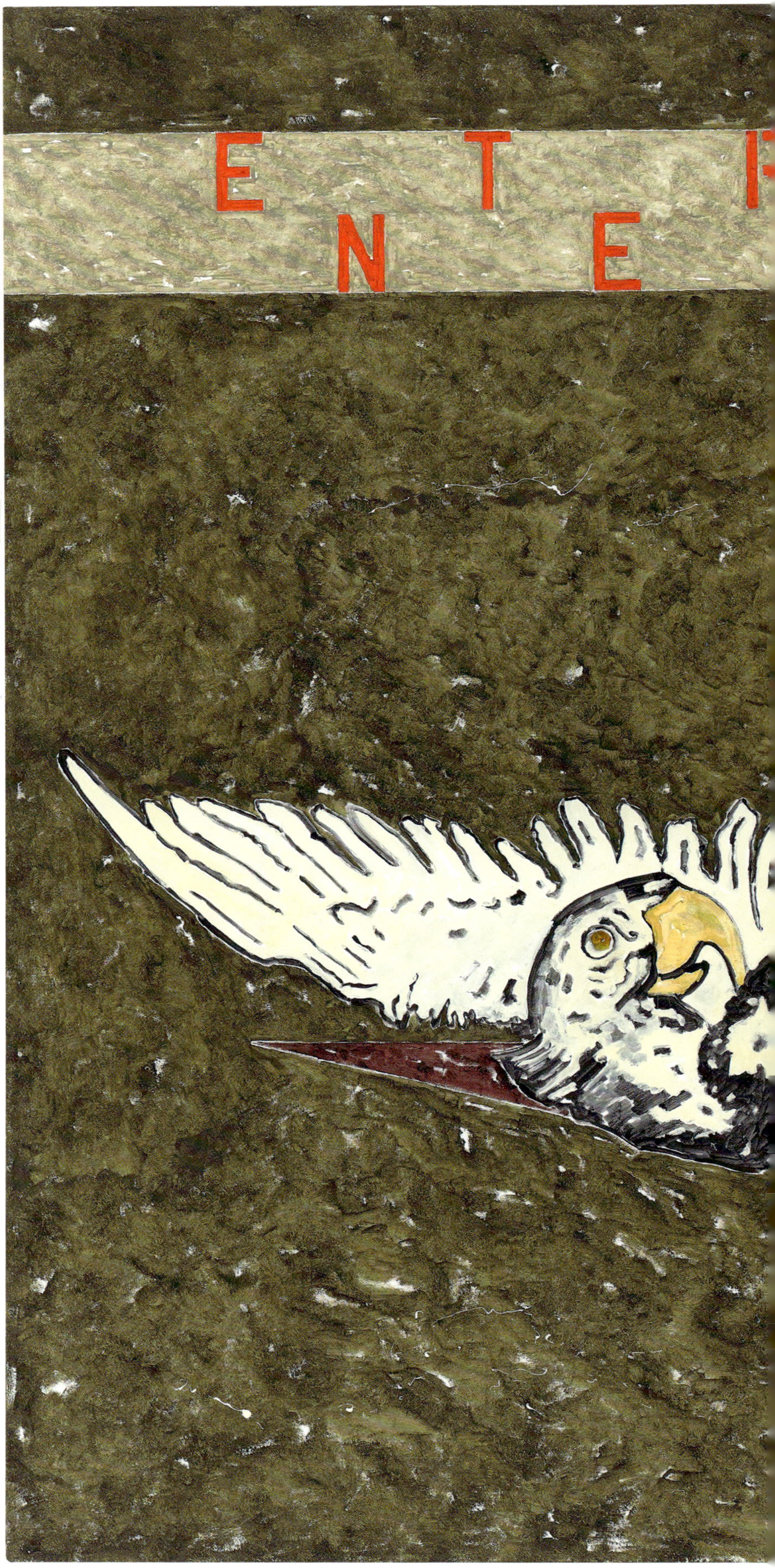

Entertainment 2019

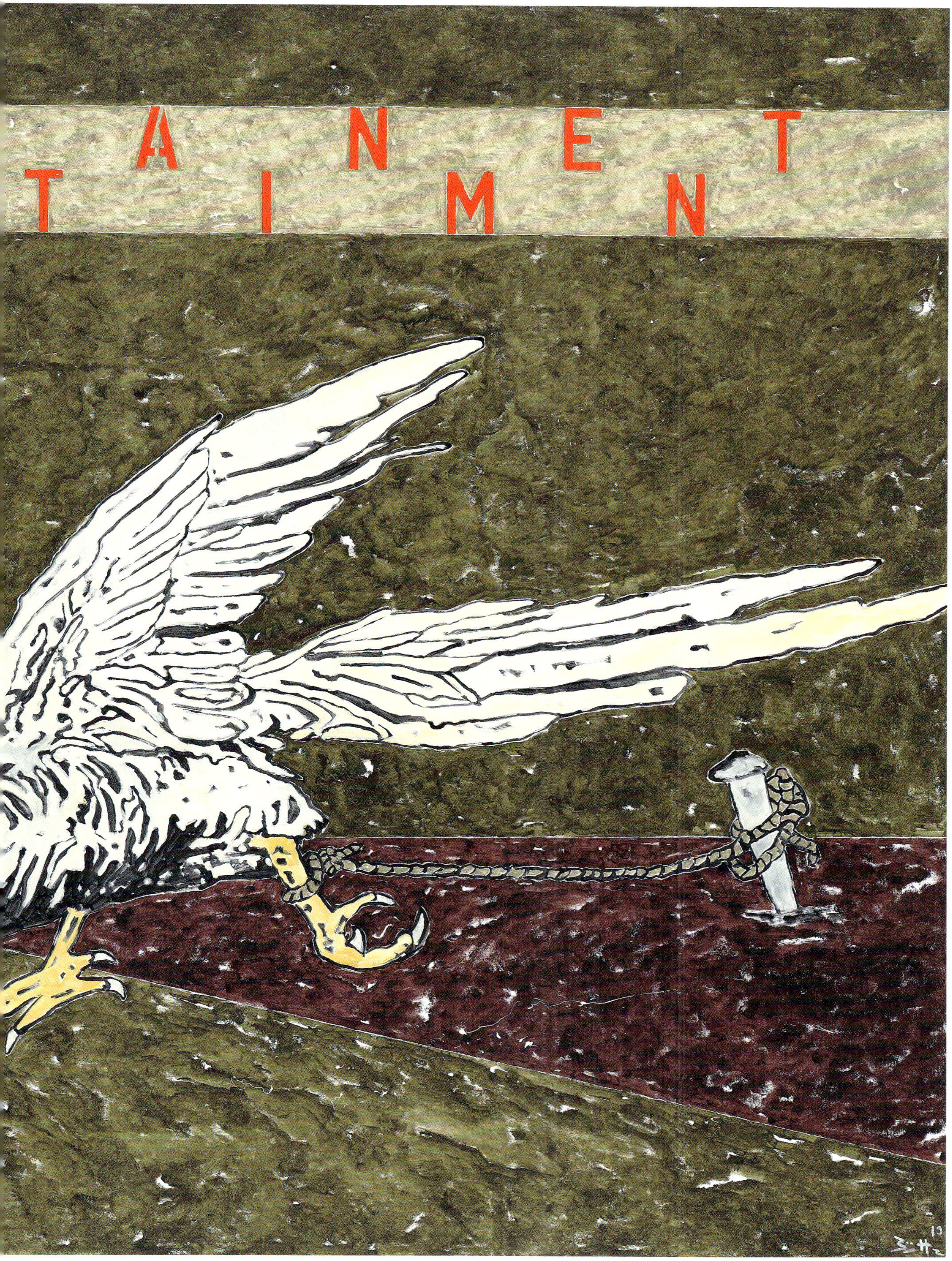
A N E T
T I M N

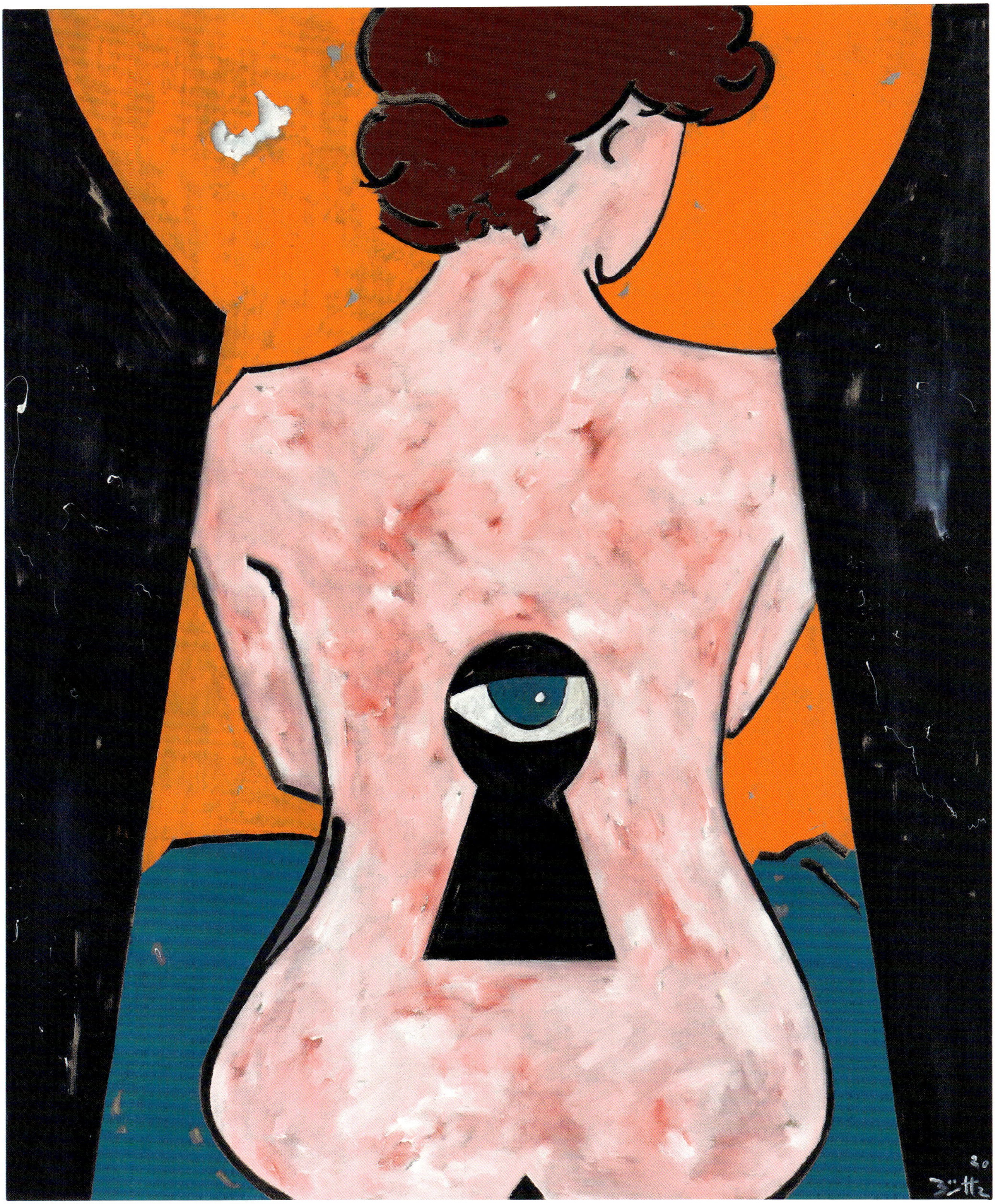

Undichte Schlüssellöcher 2020

Jesi Khadivi

Eine Ironie ist ein beißender Scherz oder eine Rede, die den Honig der Freundlichkeit in ihrem Mund hat und einen Stachel der Rüge in ihrem Schwanz[1]

Als Werner Büttner Professor an der Hochschule für Bildende Künste in Hamburg wurde, ließ er sich nach einer langen durchzechten Nacht, in der er mit Franz Ehrhard Walther Gedichte rezitierte, Visitenkarten mit der Berufsbezeichnung „Professor für Unterhaltung der Art" drucken. Während eines Nachmittags, den ich mit dem Künstler in seinem Atelier in Geeshacht verbrachte, einer kleinen Stadt an der Elbe, die sich vor allem dadurch auszeichnet, dass Alfred Nobel dort das Dynamit erfunden hat und es dort die dichteste Nachtigallenpopulation in Norddeutschland gibt, habe ich aus eigener Anschauung erlebt, dass Büttner in der Tat ein großartiger Unterhalter ist. Weder bombastisch noch besonders scherzhaft, also frei von den für Selbstdarstellung typischen Eigenschaften, strahlt er eine performative Milde aus – eine vornehme Art von trockenem Humor, der sich auch in der beunruhigenden, oft trostlosen Welt wiederfindet, die seine jüngeren Leinwände zeigen. Jedes Bild in der Ausstellung *Undichte Schlüssellöcher* bei Contemporary Fine Arts zeigt ein in sich geschlossenes Universum, weshalb es auf den ersten Blick eine Herausforderung sein mag, zwischen den versammelten Arbeiten eine echte Verbindung zu erkennen. Wer nach klaren, direkten Botschaften sucht, wird hier nicht fündig: Das Bild eines Seuchenarztes hängt neben Leinwänden, die eine Flasche und ein Päckchen Kippen porträtieren, eine Schar ahnungsloser Gänse ist zu sehen und ein nachdenklicher Akt mit einem Mops. Wie Büttner selbst in seinen „Didaktischen Bürogeräuschen" anmerkt, einer Sammlung an seine Student*innen gerichteter Aphorismen: „Deutlicher als kryptisch kann ich nicht."

In der für die Ausstellung titelgebenden Arbeit umrahmt der Schatten eines schwarzen Schlüssellochs den nackten Rücken einer Frau. Der nach unten gerichtete Blick der Frau scheint darauf zu verweisen, dass wir hier Zeuge eines Moments der Einsamkeit und des Nachdenkens sind. Aber ein zweites Schlüsselloch, flink auf ihren Rücken gemalt, stört diese ansonsten ruhige Szene. Ein bedrohliches blaues Auge starrt den Betrachter an und trifft und stört unseren eigenen voyeuristischen Blick. Als ich dieses Bild zum ersten Mal sah, dachte ich sofort an Siri Hustvedts „Eine Frau schaut auf Männer, die auf Frauen schauen", was ich gerade einige Wochen vor meinem Treffen mit Büttner in dessen Atelier gelesen hatte. In ihrem Essay über die Arbeiten von Picasso, Beckmann und de Kooning, präsentiert in *Women* (2012) – einer Ausstellung mit Werken nur von Männern –, reflektiert Hustvedt darüber, wie das Phantom der Frau die Kreativität bestimmter männlicher Künstler umtreibt. Büttner ist keine Ausnahme. *Zwischen Kot und Urin wirst Du auf diese Welt gedrückt* verkündet der Titel eines seiner früheren Werke, und es ist in der Tat die Fähigkeit, uns in dieses elende Leben zu katapultieren, die an der Wurzel von Büttners eigener Auseinandersetzung mit der Kategorie Frau liegt. Ein oberflächlicher Blick über seine Atelierregale voller Malereien aus den 70er, 80er und 90er Jahren offenbarte zahlreiche Darstellungen kleiner Kinder – ob sie nun quäkten, krabbelten, saugten oder verwirrt schauten, während sie in einem Spülbecken voller Geschirr gebadet wurden –, wobei seine Ambivalenz ihnen gegenüber für ein generelles Gefühl der Verzweiflung hinsichtlich der Brutalität der Welt, die sie einmal erben werden, stehen mag.

Undichte Schlüssellöcher zeichnet sich andererseits durch eine gelassene Art von Gewalt aus, nicht unähnlich der von Man Rays ikonischer Fotografie *Ingres' Violin* (1924), die das durch die

Hinzufügung von F-Löchern auf ihrem nackten Rücken in ein fleischliches Instrument verwandelte Model Kiki Montparnasse zeigt. Während Man Ray den weiblichen Körper als einen Gegenstand darstellt – eine Oberfläche, in die man hineinschneiden oder die man verzieren kann –, klingt Büttners Riff über dieses Klischee außerordentlich selbstreflektiert. Statt einfach nur zu objektivieren, ist diese Darstellung der weiblichen Form ebenso verletzt wie verletzend. Das Auge blickt zu uns, die hinsehen, zurück. Aber wessen Auge ist es? Widersteht der weibliche Körper irgendwie diesem Blick, wie ein Superheld aus einer anderen Welt mit dem Auge am falschen Platz? Oder, was wahrscheinlicher ist, handelt es sich um eine Umkehrung des voyeuristischen Blicks, sodass der Voyeur mit seiner eigenen Niedertracht und Verdorbenheit konfrontiert wird? Wie Hustvedt anmerkt, haben wir in der Kunst keinen Zugriff auf lebendige Körper, und wenn wir sie betrachten, betrachten wir fiktive Räume. Der in Büttners Bild dargestellte Körper kann eindeutig nie in der realen Welt existieren, aber er spricht Bände über Büttners Weltsicht. Zur ironischen Distanz, einer Stimmung, die sich durch seine Bilder zieht, gehört, „sich von außen zu sehen", und in diesem Fall blickt das Bild zurück.

Wir leben mit einer Flut von Bildern. Und in diesen Strömen tauchen brutale Bilder ebenso auf wie berührende oder belanglose. Für mich entsteht ein ähnliches Gefühl, wenn ich in einen Raum mit Büttners Bildern schaue. Der Pendelschlag zwischen expliziter Gewalt und Zuckrigkeit ist nicht annähernd so ausgeprägt, wie wenn man zwanzig Minuten ziellos im Internet herumsurft, aber der Eindruck einer ähnlichen Beliebigkeit setzt sich fest. Büttner erklärt, Bilder kämen nicht von innen, sondern von anderen Bildern. Daher sei es die Verantwortung des Künstlers, „ein paar Milliarden Bilder zu inhalieren", um ein gutes machen zu können. Beim Betrachten von Büttners Arbeiten in seinem Atelier wurde mir klar, dass Büttner mehr als nur seinen Teil an ein paar Milliarden Bildern inhaliert hatte, seien dies Nachrichtenbilder, Zeitschriftenausschnitte, seine eigenen Collagen, Gemälde von Ensor oder El Greco oder kleine Leinwände, die er aus Trödelläden oder von Flohmärkten mitnimmt, um sie zu „verbessern".

Angesichts dieser übereinanderliegenden Schichten des Sehens kommen uns manchmal klare Verweise oder Tropen in den Sinn – wie bei dem nackten Rücken in *Undichte Schlüssellöcher* oder dem rotbemantelten Seuchenarzt in *Unser Beethoven Jahr (Ode an die Freude)*, die einzige Arbeit in der Ausstellung, die sich explizit auf die Coronavirus-Pandemie bezieht, die gerade um den Globus zieht. Andere Anspielungen sind weniger deutlich und bringen halb gesehene und halb vergessene Bilder dazu, mir im Hinterkopf herumzuschwirren. Allein in einem Innenraum ganz ohne ihn definierende Eigenschaften außer einer gesprenkelten grün-grauen Wand, die in den Boden übergeht, verschränkt eine geschlechtslose schwarzgesichtige Figur die Arme über den fallenden Falten ihrer üppigen Robe. Grelle Mondstrahlen beleuchten ein Stück Boden durch den gerasterten Schatten der Fensterscheiben. Optimismus, das sagt der Titel der Arbeit uns, ist eine Mainstream-Seuche. In *Wiese mit Schnappviech* schwebt eine gräuliche Figur in einem fleckigen mitternachtsblauen Himmel über einigen grazilen weißen Blumen mit langen, schlanken Stängeln. Paradoxerweise wirkt das Viech mit seinem offenen Maul verletzbarer als die Blumen, die es problemlos fressen oder zerdrücken könnte. In den deutschsprachigen Gegenden Südtirols wird dieser folkloristische Dämon rituell von Dorfbewohnern in Metzgerkostümen geschlachtet – es symbolisiert den Sieg des Frühlings über den Winter.

In *Reinemachtag* hängt eine barfüßige Frau eine amerikanische Flagge zum Trocknen in einer öden Landschaft auf, die aus drei schrägen Farbfeldern besteht. Das Bild mit seinem diagonalen Streifen eines weiten blauen Himmels vermittelt die Stimmung so mancher idyllischer Bilder des amerikanischen Westens, die typischerweise das Drama der Landschaft und die Resilienz der dortigen Bevölkerung in den Vordergrund stellen. Die Motivlage der Frau in Büttners Bild

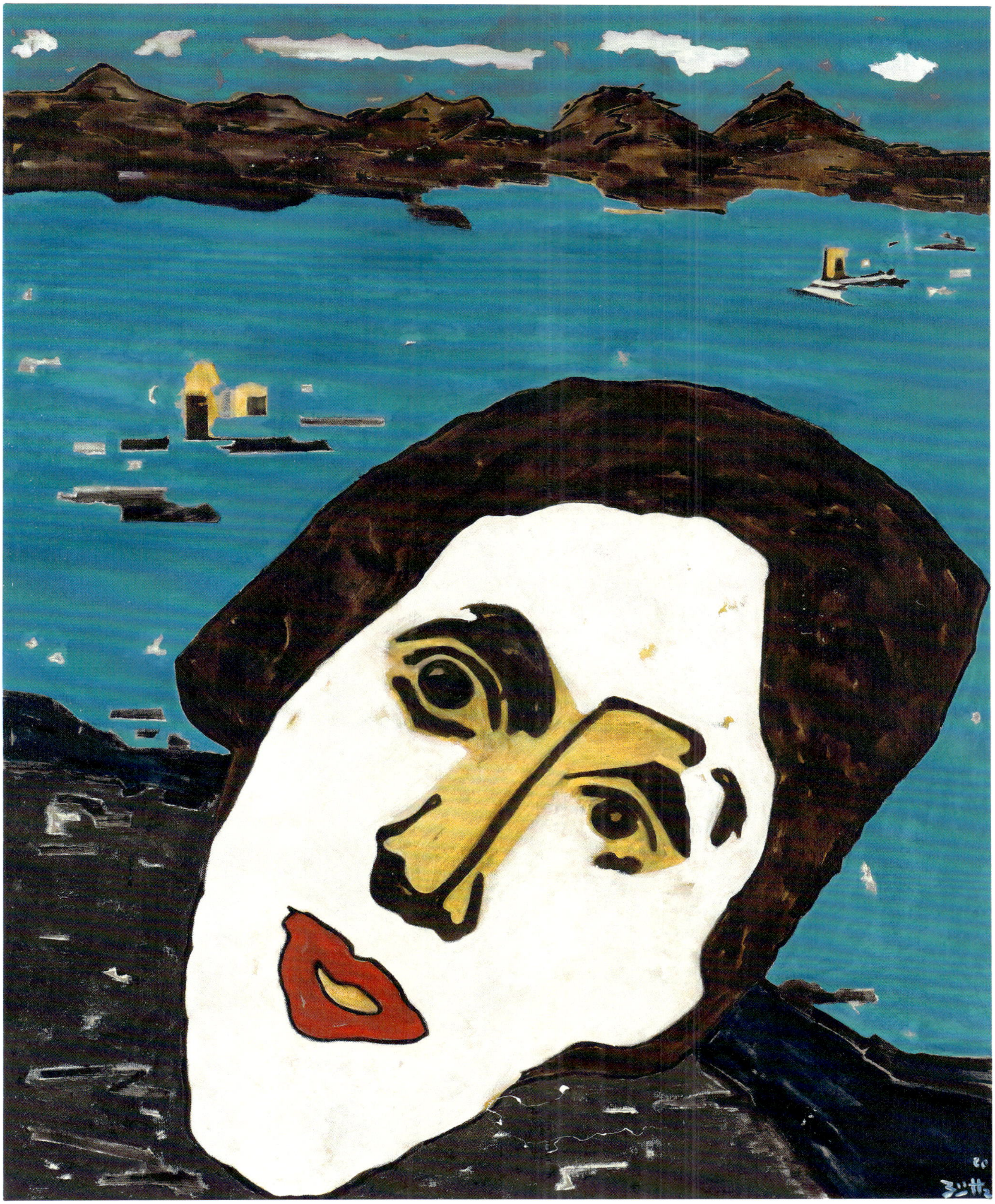

Flusslandschaft mit angeschwemmter Dichterin (Virginia Woolf) 2020

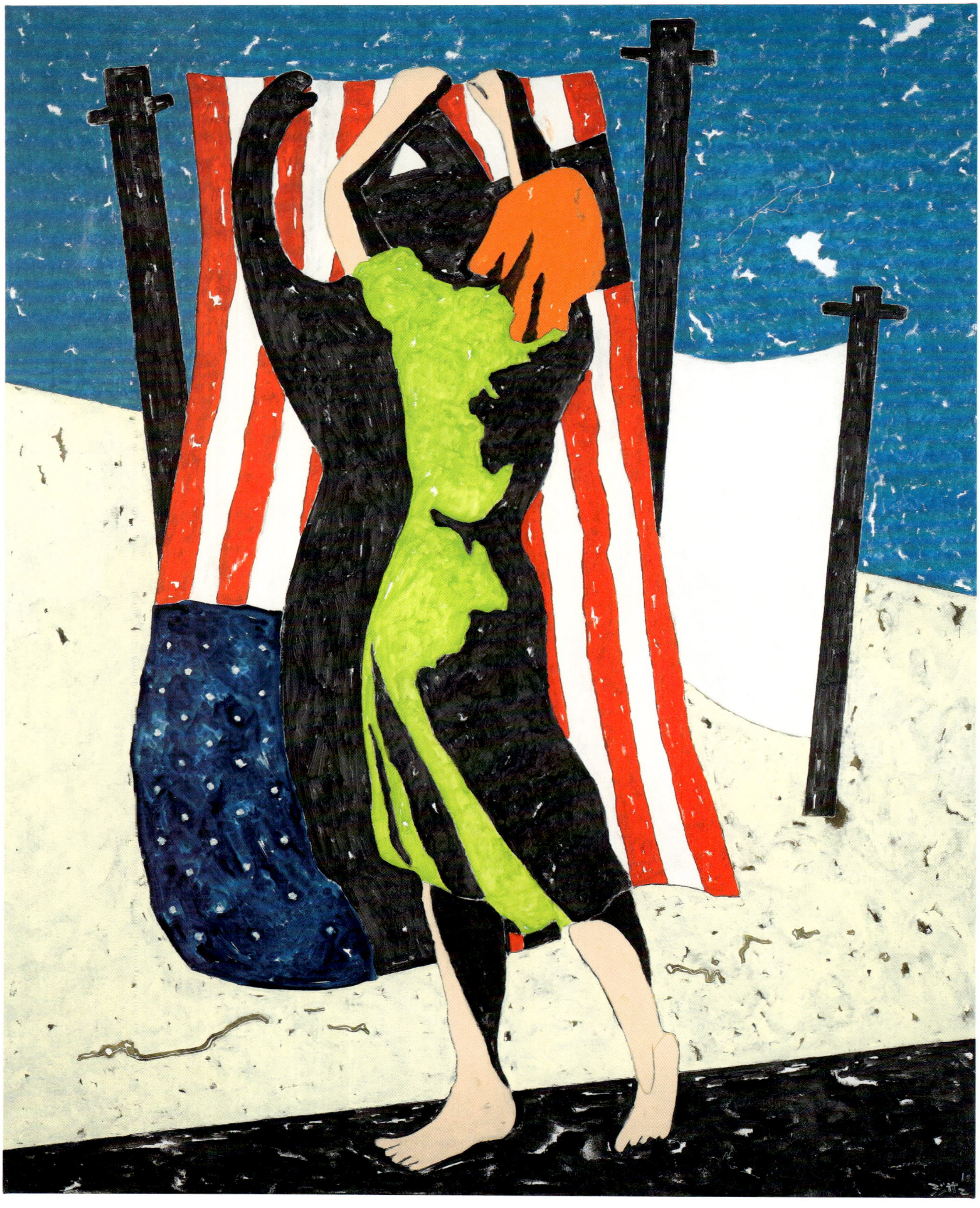

Reinemachtag 2019

allerdings bleibt unklar. Ist das Waschen der Fahne eine Geste des Stolzes auf den Status quo, zeugt es von einem Patriotismus, der ungezügelte systemische Ungerechtigkeiten aufrechterhält? Oder wringt sie den Dreck heraus, der sich über Jahrhunderte der Sklaverei, des Rassismus, Sexismus und der ökonomischen Ungerechtigkeit angesammelt hat, ein reinigender Akt, der die Veränderungen vorausahnt, die die immer lauter werdenden Protesten auf den Straßen im Land und der Welt fordern? Die Frau hält die Fahne in die Höhe, als ob sie sie an eine Wäscheleine hängen wollte, aber merkwürdigerweise ist keine Leine zu sehen. Das Aufhängen ist somit auf eine hohle Geste reduziert. Die gesichtslose Frau könnte dies also nur der Form halber tun – schmutzige Wäsche in der Öffentlichkeit waschen, wie man so sagt. Die Intensität von Licht und Schatten ist vielleicht einer der faszinierendsten und verstörendsten Aspekte von *Reinemachtag*. Der Schatten der Frau droht sie selbst zu verschlucken. Ist dies der Fleck, den sie wegzuwaschen versucht? Wird mein aufgewühltes Land in der Tat einer gründlichen Wäsche unterzogen?

„Mein Metier“, behauptet Büttner, „ist recht eigentlich die Schwarze Galle, vulgo Melancholie.“[2] Der klassischen griechischen Humorallehre zufolge hat die melancholische Schwarze Galle die stärkste Neigung zur Verschlimmerung: ein dicker, trockener und sich langsam bewegender Schleim. Aber diese Charakterisierung übergeht die sinnlichen und dunkel-humorvollen Aspekte der Melancholie. Im Gegensatz zur Depression ist mit der Melancholie ein sorgenvolles Vergnügen konnotiert. „Dieser schwermütige Rausch bildet den banalen Hintergrund, von dem sich unsere Ideale oder Euphorie so absetzen wie diese flüchtige Klarheit, die die Trance durchbricht, die zwei Menschen aneinanderbindet“, schreibt Kristeva. „Im Bewusstsein, dass es unser Schicksal ist, unsere Lieben zu verlieren, schmerzt es uns vielleicht noch mehr, in unserem Geliebten den Schatten eines geliebten Objekts zu bemerken, das schon verloren gegangen ist.“[3] Kristeva beschreibt einen solchen blanken melancholischen Humor als wesenhaft für Epochen, die den Zusammenbruch politischer und gesellschaftlicher Ideen erleben, und konstatiert, dass in Krisenzeiten „sich die Melancholie erhebt, ihre Archäologie festlegt, ihre Darstellungen und ihr Wissen produziert“.[4] Die Figuren in Büttners Bildern existieren meist an Nicht-Orten außerhalb von Raum und Zeit, schwebend in ihrer eigenen Melancholie. Es scheint, Krise kommt nie aus der Mode.

Berlin, Juli 2020

Aus dem Englischen übersetzt von Wilhelm Werthern

1 Oxford English Dictionary, 1656.
2 Werner Büttner, „To Avoid Annoying Questions—Probably Adequate Answers in Advance“, in: *Poor Souls*, 2016, S. 85.
3 Julia Kristeva, „On the Melancholic Imaginary“, *new formations*, number 3, Winter 1987, S. 5.
4 Ebd.

Jesi Khadivi

An irony is a nipping jest, or a speech that hath the honey of pleasantnesse in its mouth, and a sting of rebuke in its taile[1]

When Werner Büttner became a professor at the University of Fine Arts Hamburg, after a long night of drinking and reciting poetry with Franz Erhard Walther he had business cards printed with the enigmatic job title "Professor für Unterhaltung der Art" (Professor for the Entertainment of the Species). During an afternoon spent together at the artist's studio in Geeshacht, a small town on the Elbe distinguished only by Alfred Nobel's invention of dynamite and the densest population of nightingales in Northern Germany, I learned first-hand that Büttner is indeed a consummate entertainer. Neither bombastic nor particularly light-hearted, qualities typical of showmanship, he instead exudes a performative mildness—a genteel deadpan manner that is echoed in the unsettling, often bleak world that his recent canvases depict. Each painting in his exhibition *Undichte Schlüssellöcher* (*Leaky Keyholes*) at Contemporary Fine Arts proposes a self-contained universe and on first glance it can be challenging to chart any real connection between the assembled works. Those looking for clear, straightforward messages will not find them here: a painting of a plague doctor hangs alongside canvases that portray a bottle of booze and a pack of smokes, a gaggle of unwitting geese, and a pensive nude with a pug. As Büttner himself notes in his "didactic office noise," an accumulation of aphorisms directed towards his students, "cryptic is as clear as I get."

In the exhibition's title work, the shadow of a black keyhole frames a woman's bare back. Pulled into a loose chignon, her hair grazes the nape of her neck. The woman's downward gaze seems to indicate that we are witnessing a moment of solitude and contemplation. Yet, a second keyhole deftly painted on her back disturbs this otherwise tranquil scene. A menacing blue eye stares outwards towards the viewer, meeting and disrupting our own voyeuristic gaze. When I first saw this painting I immediately thought of Siri Hustvedt's "A Woman Looking at Men Looking at Women," which I had read only a few weeks prior to meeting Büttner at his studio. Hustvedt's essay on the works of Picasso, Beckmann, and de Kooning in *Women* from 2012—an exhibition composed entirely of works by men—reflects upon how the specter of woman has "haunted" the creativity of certain male artists. Büttner is no exception. *Alongside faeces and urine, you were pushed into this world!* proclaims the title of one of his earlier paintings and, indeed, it is the capacity to catapult us into this wretched life that seems to be at the root of Büttner's own grappling with the category of woman. A cursory glance through racks of paintings from the 70s, 80s, and 90s at his studio revealed numerous depictions of small children—whether mewling, crawling, suckling, or bewildered while being bathed in a sink full of dishes—his ambivalence towards them perhaps standing in for a generalized sense of despair regarding the brutality of the world they would inherit.

Leaky Keyholes on the other hand, possesses a placid sort of violence, not unlike Man Ray's iconic photograph *Ingres' Violin* (1924), which depicts the model Kiki Montparnasse transformed into a fleshy instrument through the addition of f-holes to her bare back. While Man Ray presents the female body as an object—a surface to be cut into, embellished, or adorned—Büttner's riff on this cliché is tremendously self-aware. Rather than simply objectifying, this depiction of the female form violates and is violated in equal measure. The eye looks back at us looking. Yet whose eye is this? Does the woman's body somehow resist his gaze, like an otherworldly superhero with an eye in the wrong place? Or more likely, could this be an inversion of

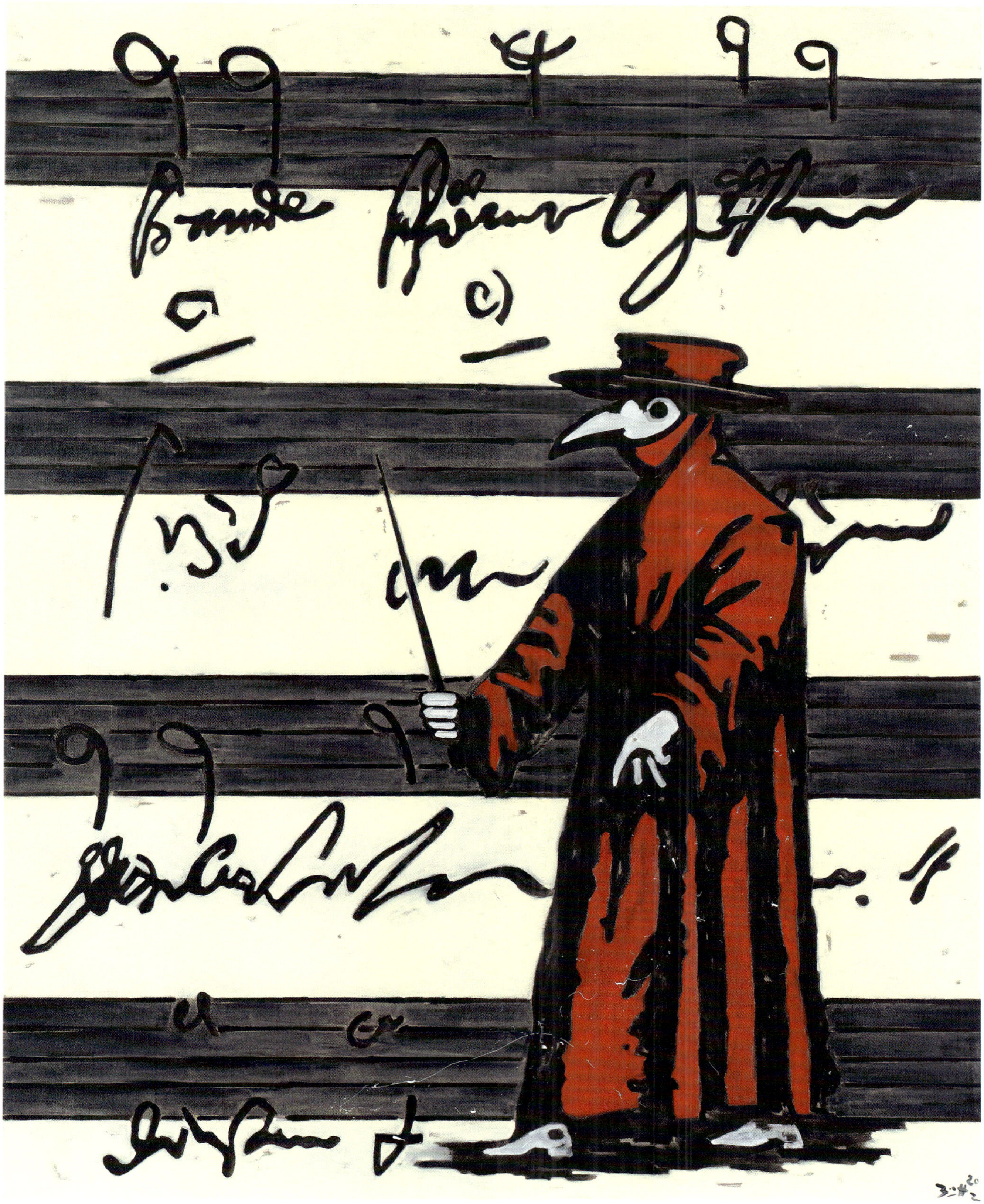

Unser Beethoven Jahr (Ode an die Freude) 2020

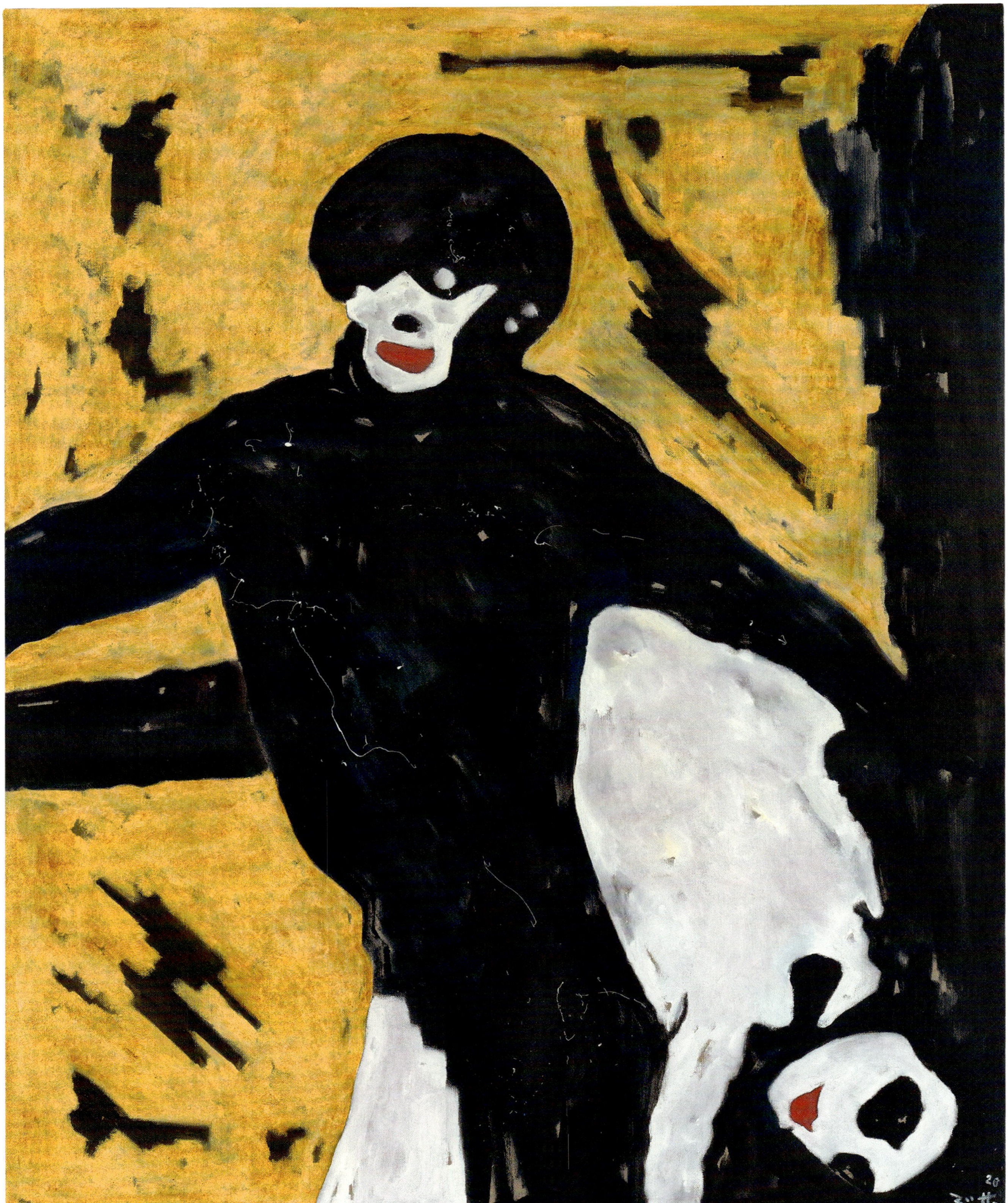

Mann und Frau in expressiver Manier 2020

the Peeping Tom's own gaze, thereby confronting him with his own baseness and depravity? As Hustvedt notes, we have no recourse to living bodies in art, and when we look at them we are looking into fictive spaces. The body depicted in Büttner's painting clearly could never exist in the real world, but it speaks volumes about his own view of the world. Ironic distance, a mood that pervades his paintings, involves "seeing yourself from without" and in this case, the painting looks back.

We live amidst a glut of images. And in their streams brutal pictures seamlessly give way to others that are touching or inane. For me, surveying at a room of Büttner's paintings imparts the same feeling. The pendulum swing between explicit violence and saccharinity is nowhere near as pronounced as what you might find during an aimless twenty minutes cruising the internet, but a similar randomness prevails. Büttner maintains that pictures don't come from within, but rather from other pictures. Therefore, it's the responsibility of the artist to "inhale a few trillion pictures" in order to reach a good one. Looking at Büttner's work in his studio it was quite clear to me that he had inhaled more than his fair share of a few trillion pictures, whether news images, magazine clippings, his own collages, paintings by Ensor or El Greco, or small canvases picked up from thrift stores or flea markets to "improve."

These accumulated layers of seeing sometimes bring clear references or tropes to mind—like the woman's bare back in *Leaky Keyholes* or the red-cloaked plague doctor in *Our Beethoven Year (Ode to Joy)*, the only work in the show to explicitly reference the Corona virus pandemic currently sweeping the globe. Still other allusions are more opaque, bringing images half-seen and half-forgotten to swirl in the back of my mind. Alone in an interior space devoid of any defining features save a mottled green-grey wall that blends into the floor, a genderless blank-faced figure crosses its arms atop the undulating folds of its ample black robe. Harsh rays of moonlight illuminate a patch of floor through the gridded shadow of the windowpanes. Optimism, the work's title tells us, is a mainstream disease. In *Meadow with Snapping Beast*, a ghoulish skull form levitates in a patchy midnight blue sky above a cluster of delicate white flowers with long, slender stems. Ironically, the slack-jawed beast seems more vulnerable than the flowers that it could either crush or eat. In the German-speaking parts of Südtirol, this folkloric demon is ritually slaughtered by villagers in butcher costumes to represent spring's triumph over winter.

In *Cleaning Day* a barefoot woman hangs an American flag out to dry in a barren landscape comprised of three slanted fields of color. The painting, with its diagonal swathe of broad blue sky, conveys the mood of any number of pastoral images of the great American West, which typically foreground the drama of the landscape and the resilience of the people who inhabit it. The woman's motivations, however, are unclear in Büttner's painting. Is washing the flag a gesture of pride in the status quo, denoting a sense of patriotism that upholds rampant systemic inequalities? Or is she wringing out the filth accumulated over centuries of slavery, racism, sexism, and economic injustice—a recuperative act that presages the change that the intensifying protests in streets around the country, and the world, have been demanding? The woman holds the flag aloft as if to pin it to a clothing line, yet the line is curiously absent. Hanging, therefore, is reduced to an empty gesture. This faceless woman could merely be going through the motions, or, as the idiom goes, airing dirty laundry. The intensity of light and shadow is perhaps one of the most compelling and disturbing aspects of *Cleaning Day*. The woman's shadow threatens to engulf her. Is this the stain she is attempting to scrub away? Will my troubled country indeed get a good washing up?

"My true line of business," Büttner claims, "is [the] black bile commonly known as melancholia."[2] According to the Ancient Greek classification of the four humors, melancholic bile is the most prone aggravation: a thick, dry, and slow-moving sludge. Yet this characterization misses the sensual and darkly humorous aspects of melancholy. Distinct from depression, melancholia connotes a sorrowful pleasure. "This lugubrious intoxication constitutes the banal background from which our ideals or euphoria break away as much as that fleeting lucidity which breaks the trance entwining two people together," Julia Kristeva writes, "Conscious that we are destined to lose our loves, we are perhaps even more grieved to notice in our lover the shadow of a loved object, already lost."[3] Kristeva describes such black melancholic humor as intrinsic to epochs that witness the collapse of political and social ideas and argues that in times of crisis "melancholy imposes itself, lays down its archeology, produces its representations and its knowledge."[4] The figures in Büttner's paintings largely exist in non-spaces outside place and time, suspended within their own melancholia. It seems crisis never goes out of style.

Berlin, July 2020

1 Oxford English Dictionary, 1656.
2 Werner Büttner, "To Avoid Annoying Questions—Probably Adequate Answers in Advance," in *Poor Souls,* 2016, p. 85.
3 Julia Kristeva, "On the Melancholic Imaginary," *new formations,* number 3, Winter 1987, p. 5.
4 Ibid.

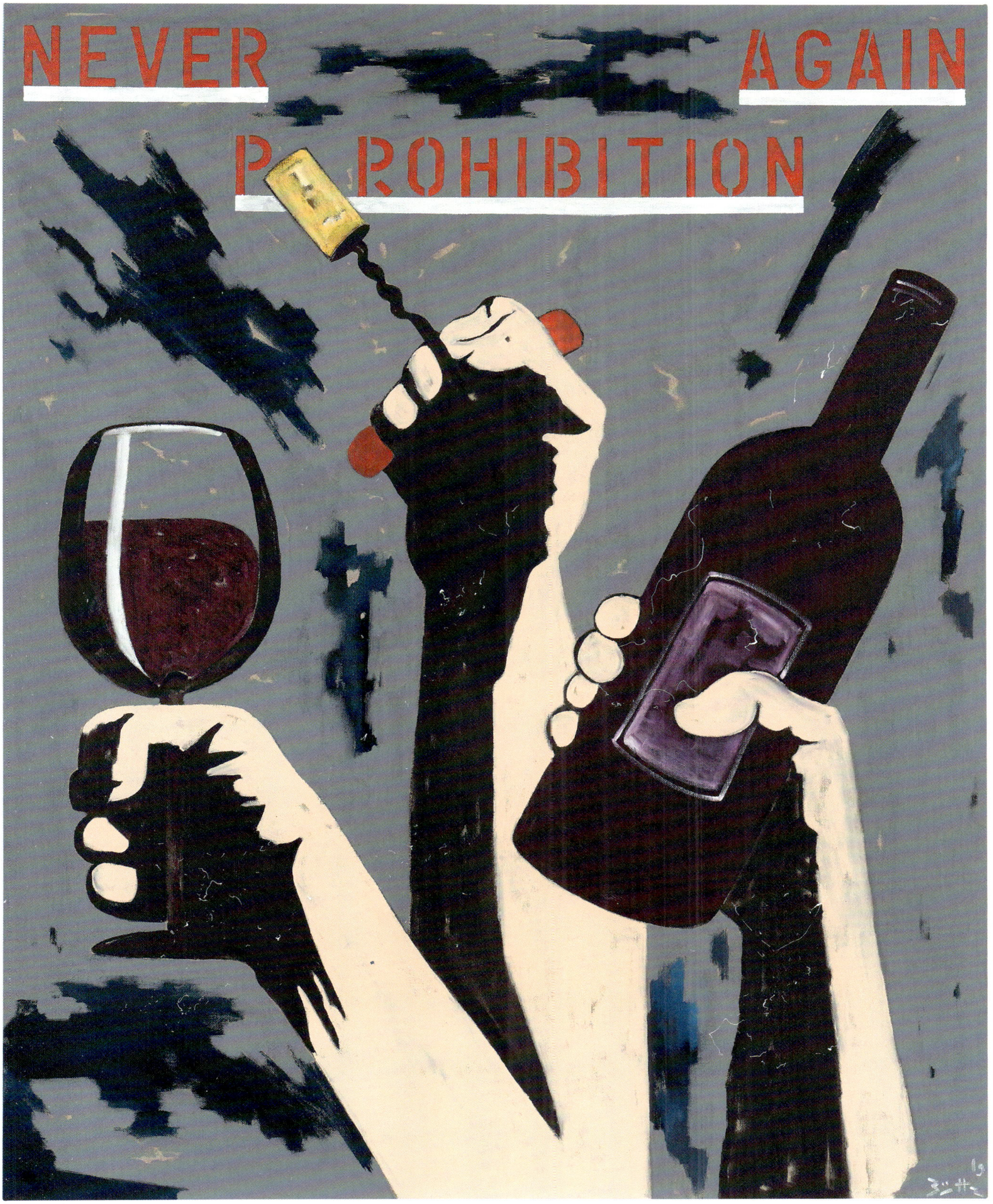

Never Again Prohibition 2019

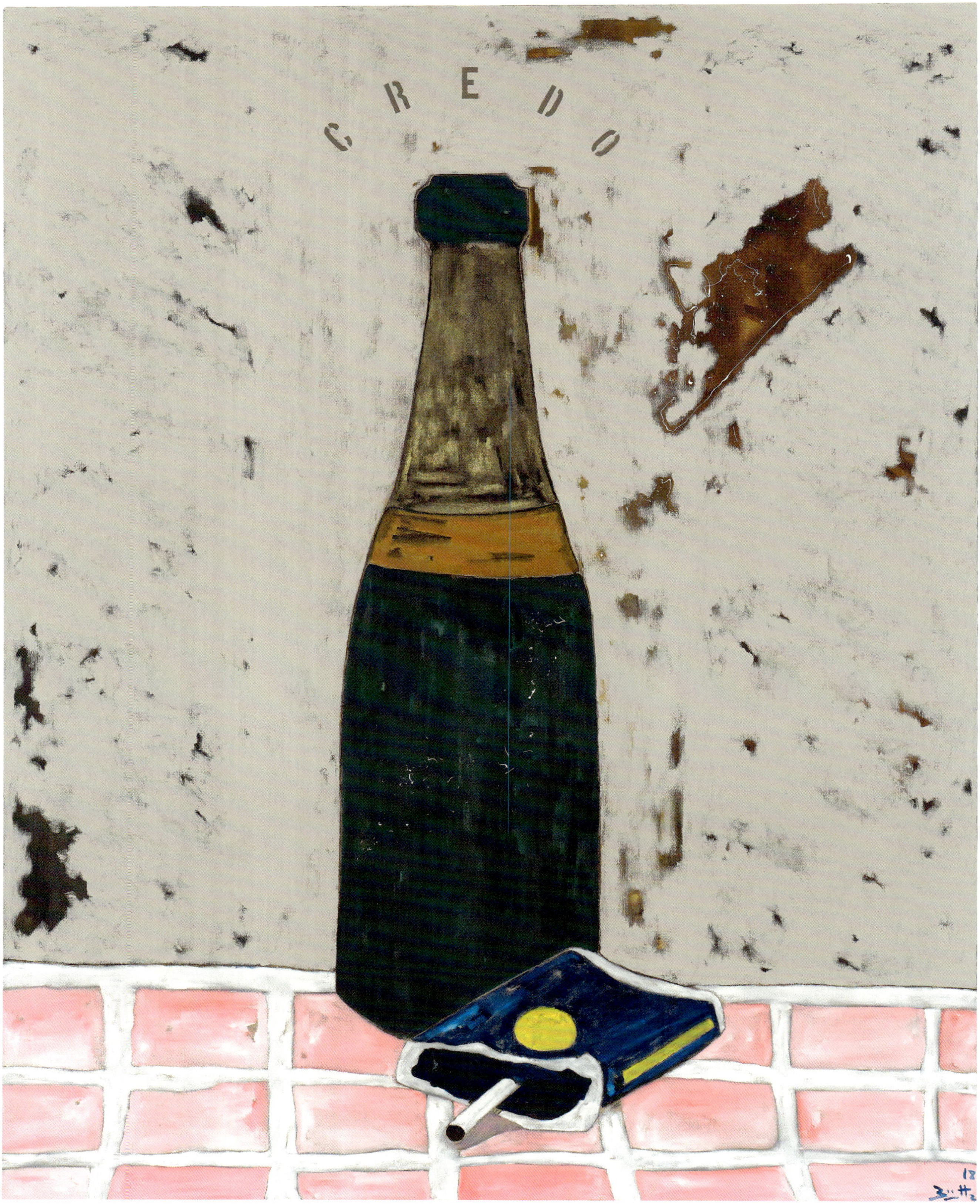

Credo 2018

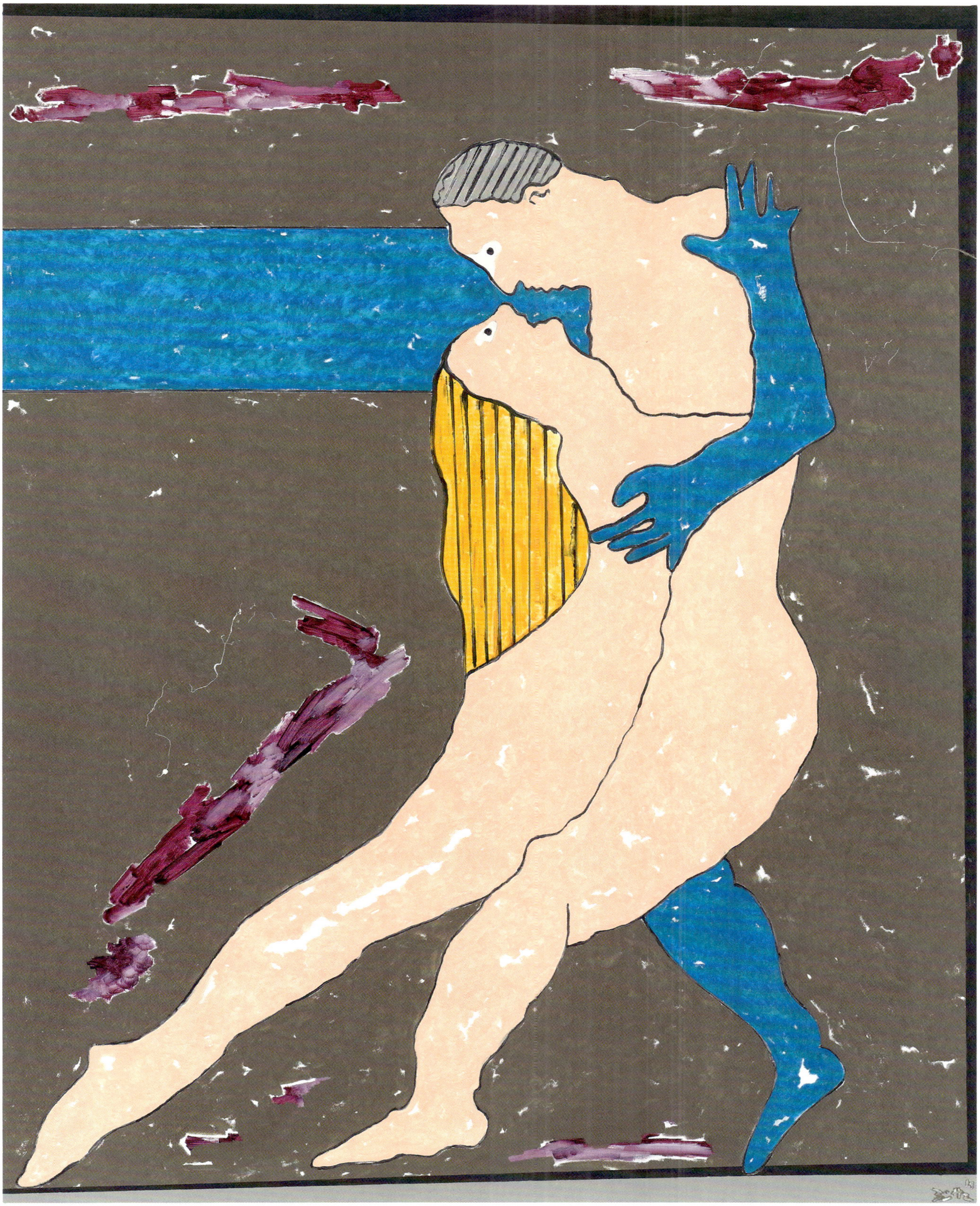

Tanz mit Klammern 2019

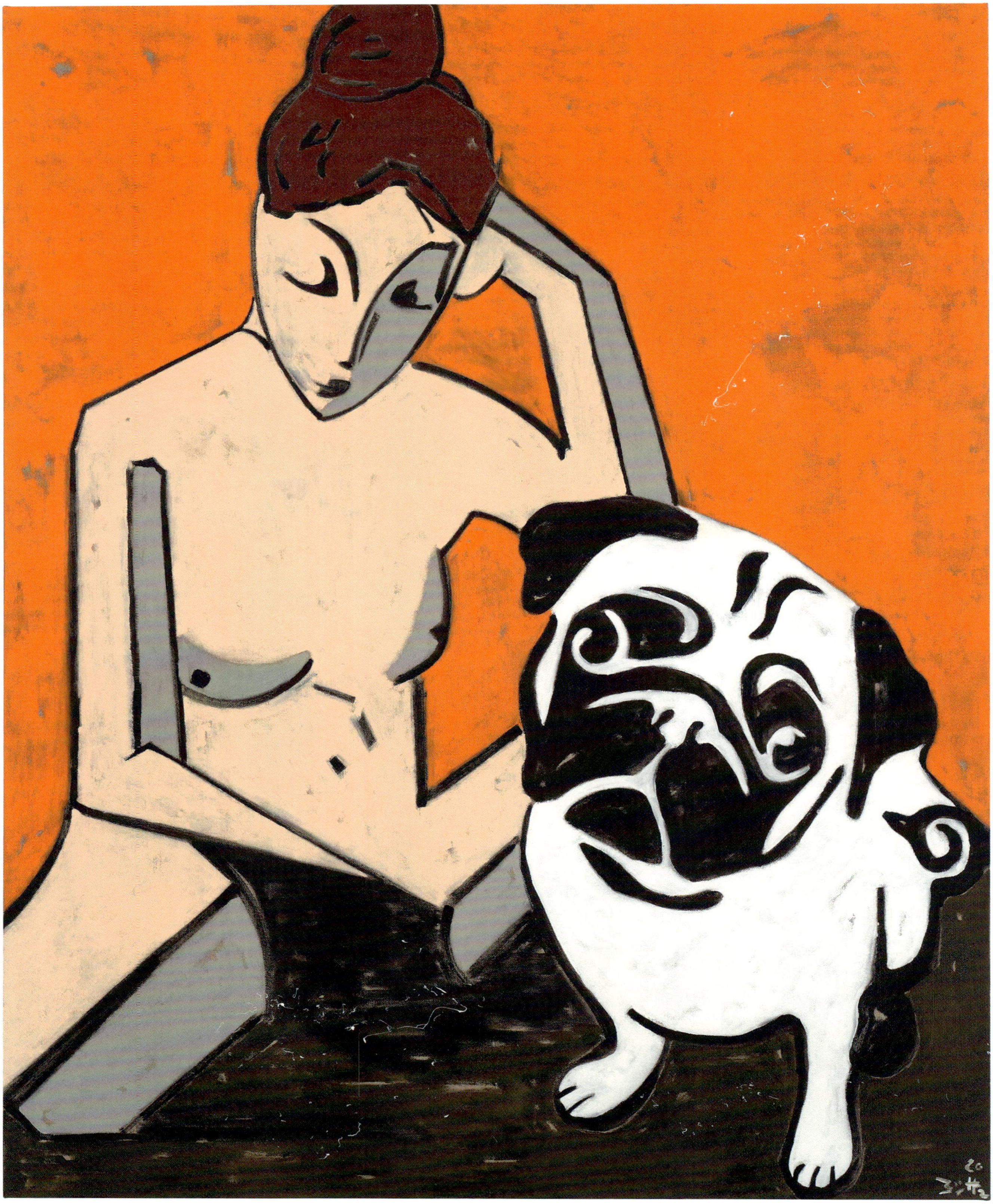

Akt mit Mops 2020

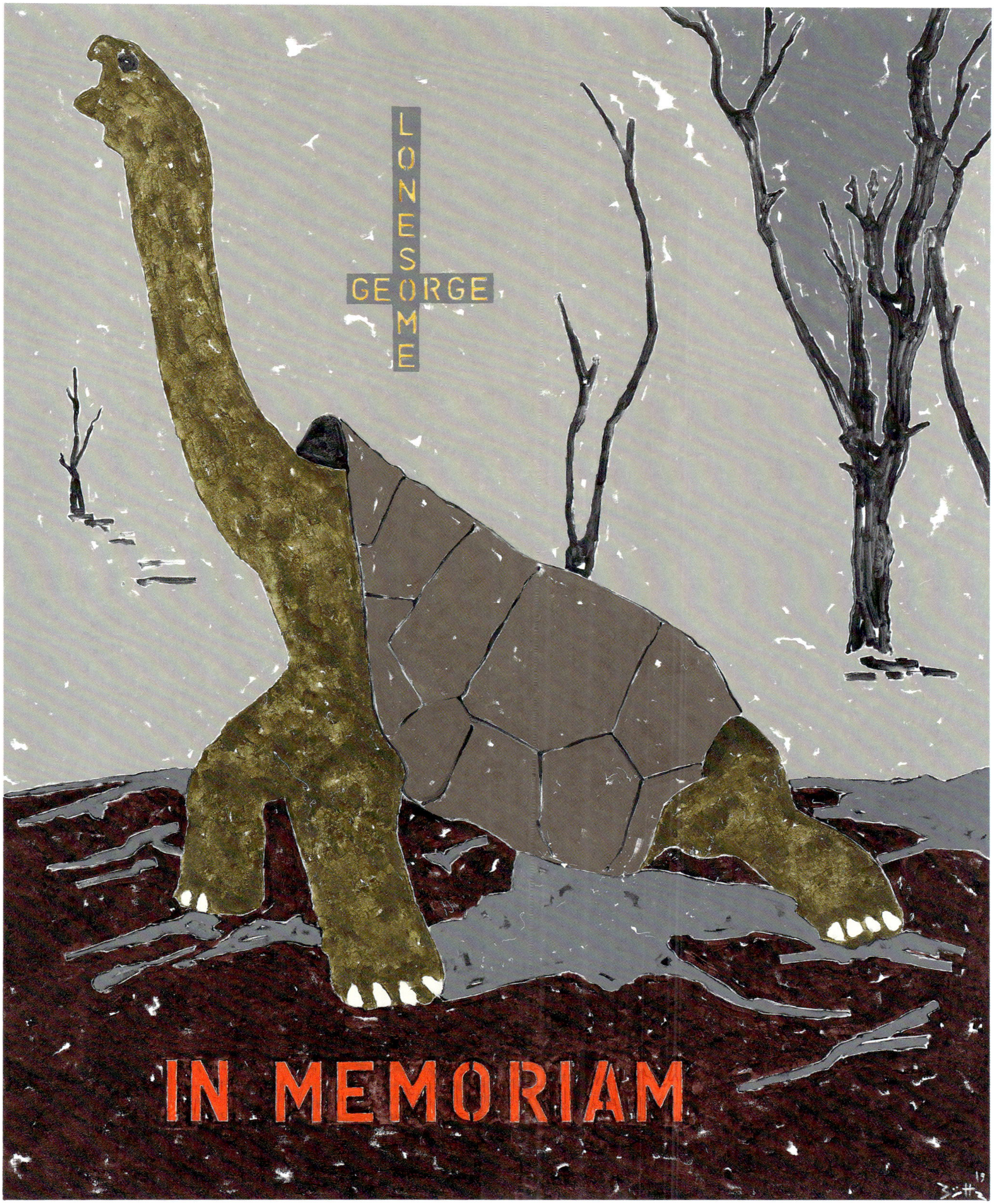

Ein Leben für die Dauer (In Memoriam Lonesome George) 2019

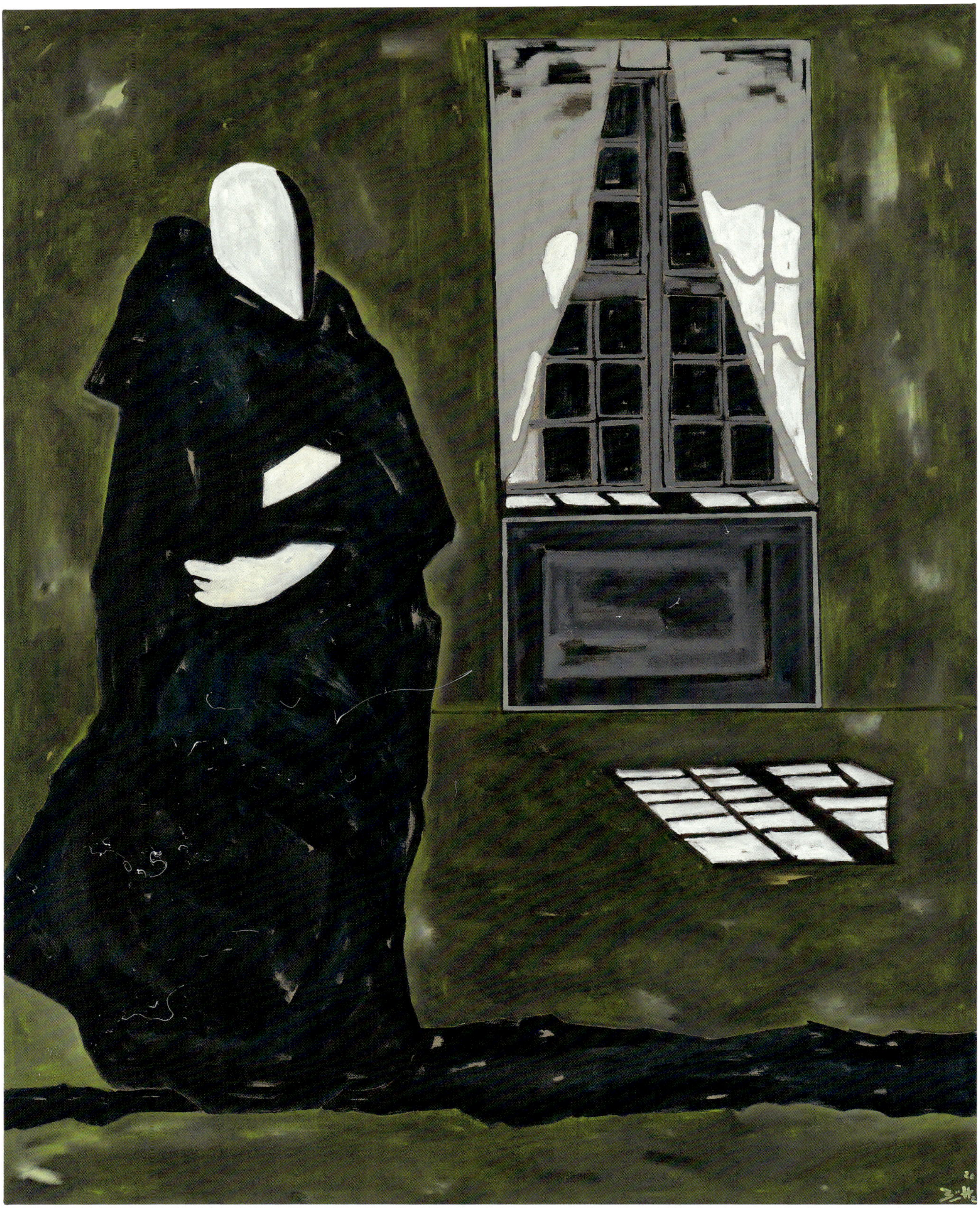

Optimismus ist eine Mainstream-Seuche 2020

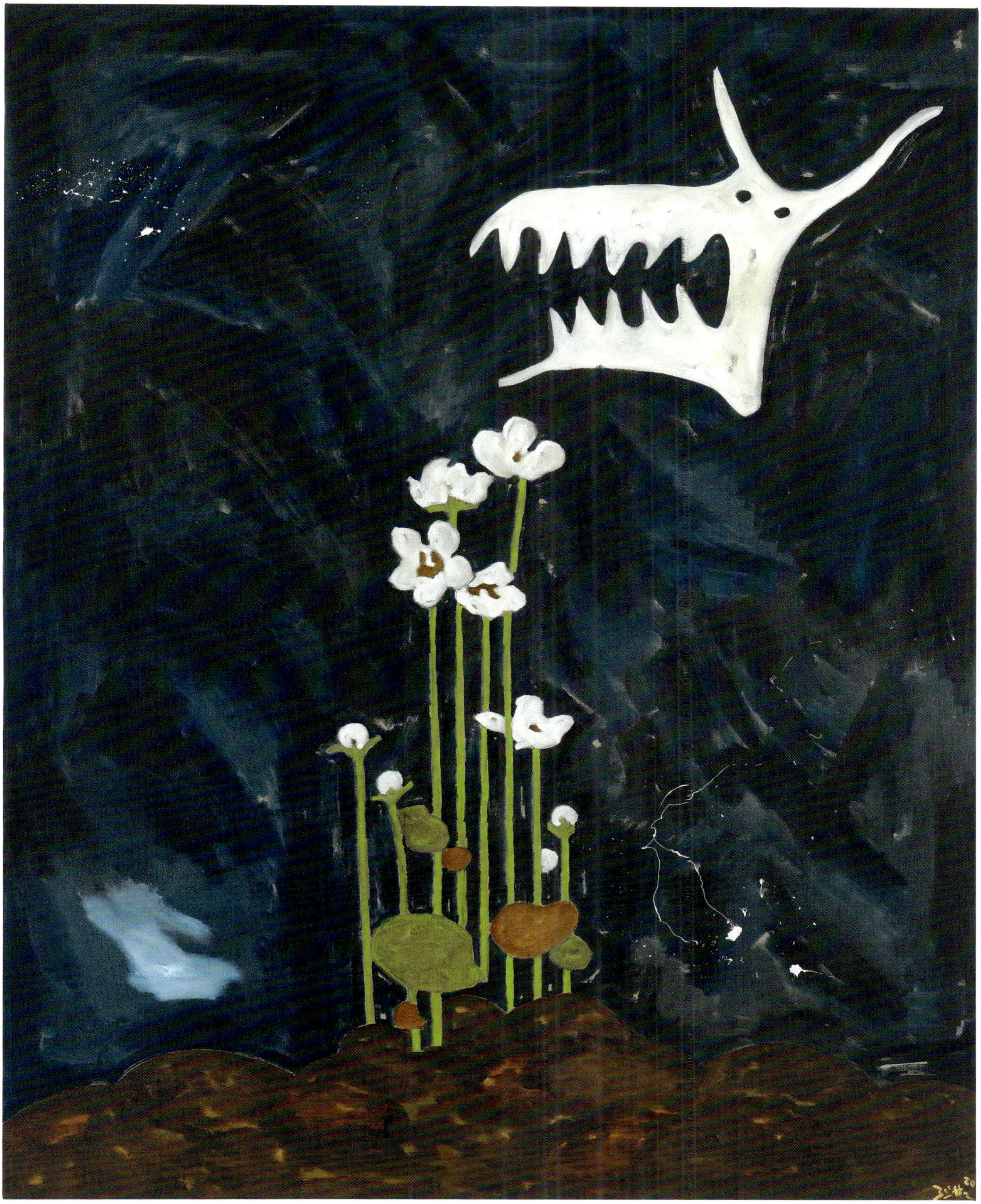

Wiese mit Schnappviech 2020

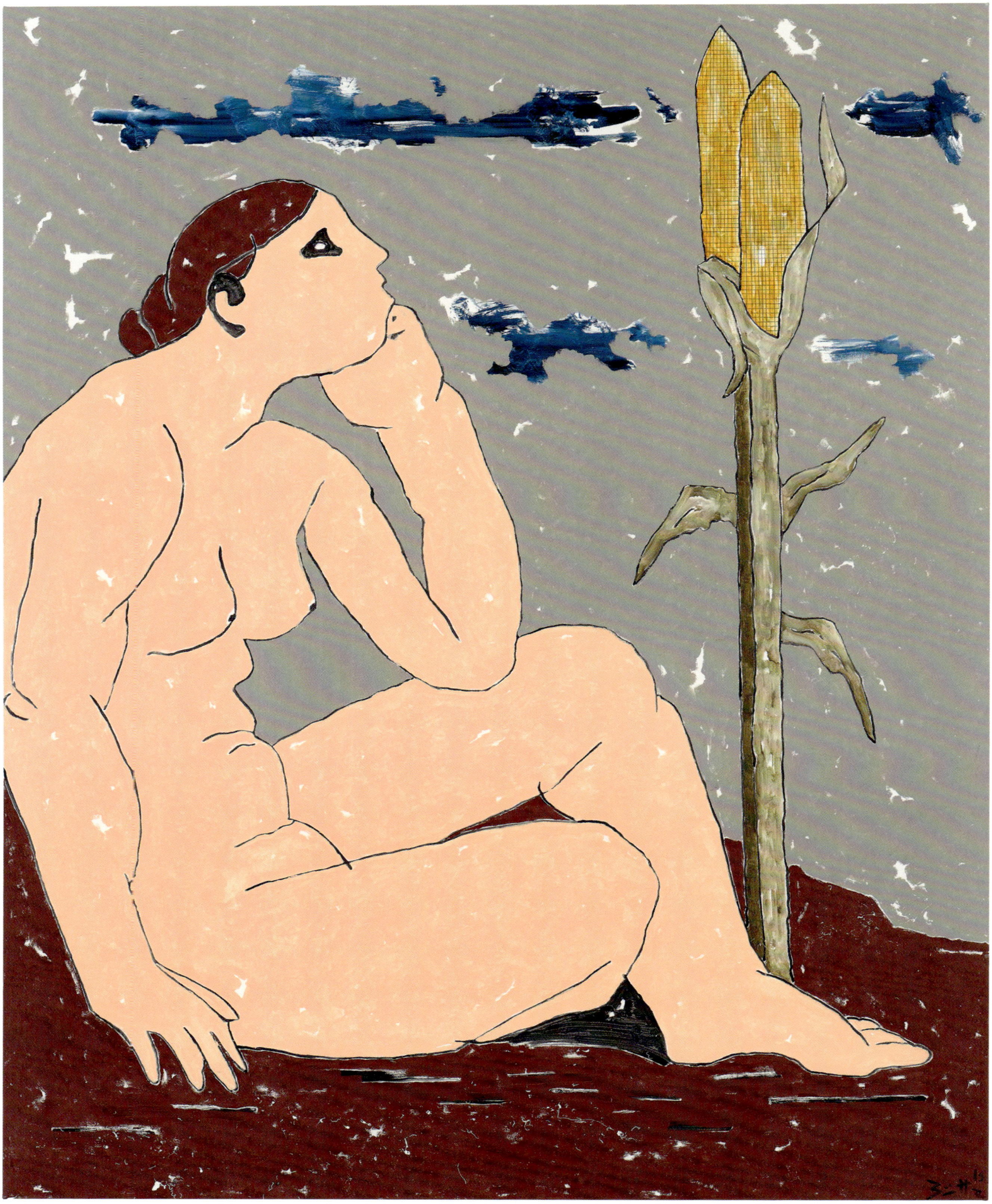

Akt mit Maiskolben 2019

Index

S. 37
Flusslandschaft mit angeschwemmter Dichterin (Virginia Woolf)
River Landscape with Washed-Up Writer (Virginia Woolf) 2020
Öl auf Leinwand
oil on canvas
150 x 120 cm / 59 x 47 1/4 in
(BW/M 47)

S. 38
Reinemachtag
Cleaning Day 2019
Öl auf Leinwand
oil on canvas
190 x 150 cm / 74 3/4 x 59 in
(BW/M 26)

S. 41
Unser Beethoven Jahr (Ode an die Freude)
Our Beethoven Year (Ode to Joy) 2020
Öl auf Leinwand
oil on canvas
190 x 150 cm / 74 3/4 x 59 in
(BW/M 53)

S. 42
Mann und Frau in expressiver Manier
Man and Woman in Expressive Manner 2020
Öl auf Leinwand
oil on canvas
150 x 120 cm / 59 x 47 1/4 in
(BW/M 45)

S. 45
Never Again Prohibition 2019
Öl auf Leinwand
oil on canvas
150 x 120 cm / 59 x 47 1/4 in
(BW/M 40)

S. 46
Credo 2018
Öl auf Leinwand
oil on canvas
190 x 150 cm / 74 3/4 x 59 in
(BW/M 19)

S. 47
Tanz mit Klammern
Dance with Clinging 2019
Öl auf Leinwand
oil on canvas
190 x 150 cm / 74 3/4 x 59 in
(BW/M 35)

S. 48
Akt mit Mops
Nude with Pug 2020
Öl auf Leinwand
oil on canvas
150 x 120 cm / 59 x 47 1/4 in
(BW/M 49)

S. 49
Ein Leben für die Dauer (In Memoriam Lonesome George)
A Life for Duration (In memory of Lonesome George) 2019
Öl auf Leinwand
oil on canvas
150 x 120 cm / 59 x 47 1/4 in
(BW/M 24)

S. 50
Optimismus ist eine Mainstream-Seuche
Optimism is a Mainstream Disease 2020
Öl auf Leinwand
oil on canvas
190 x 150 cm / 74 3/4 x 59 in
(BW/M 43)

S. 51
Wiese mit Schnappviech
Meadow with Snapping Beast 2020
Öl auf Leinwand
oil on canvas
190 x 150 cm / 74 3/4 x 59 in
(BW/M 51)

S. 52
Akt mit Maiskolben
Nude with Corn Cob 2019
Öl auf Leinwand
oil on canvas
150 x 120 cm / 59 x 47 1/4 in
(BW/M 17)

Umschlag hinten / Cover back
Selbst, in gutem Rauch geborgen
Self-Portrait, Snug in Good Smoke 2019
Öl auf Leinwand
oil on canvas
60 x 50 cm / 23 2/3 x 19 2/3 in
(BW/M 12)

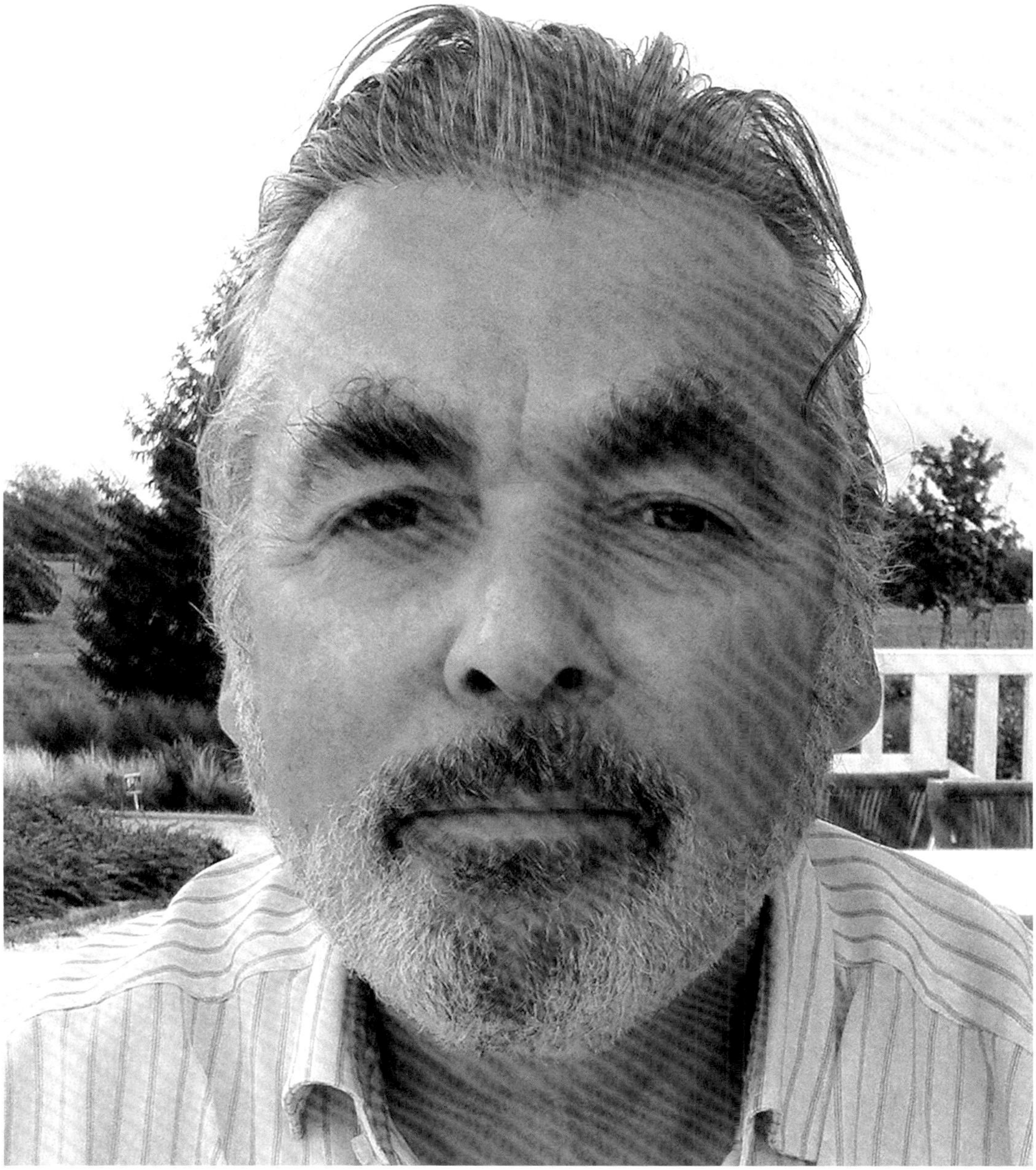

Werner Büttner
Geboren 1954 in Jena
Born 1954 in Jena
Lebt und arbeitet in Hamburg
Lives and works in Hamburg
Photo: Jule Büttner

Dieser Katalog erscheint
anlässlich der Ausstellungen
*This catalogue is published
as part of the exhibitions*
**Werner Büttner
Bilder 1979 – 2019**
11. Januar – 7. März 2020
11 January – 7 March 2020
Undichte Schlüssellöcher
30. Juli – 29. August 2020
30 July – 29 August 2020

Contemporary Fine Arts, Berlin
Bruno Brunnet & Nicole Hackert
Grolmanstraße 32/33
10623 Berlin, Germany
Tel. +49 (0) 30-88 77 71 67
www.cfa-berlin.com
gallery@cfa-berlin.de

Texte / Texts
Jesi Khadivi
Kristian Vistrup Madsen
Zdenek Felix

Übersetzung / Translation
Dominikus Müller
Lindsay Jane Munro
Wilhelm Werthern

Gestaltung / Design
Imke Wagener

Fotografie / Photography
Matthias Kolb

Portrait
Jule Büttner

Lithografie / Lithography
Farbanalyse, Köln

Erschienen in / Published by
Snoeck Verlagsgesellschaft mbH
Nievenheimer Straße 18
50739 Köln
www.snoeck.de

ISBN
978-3-86442-328-4

Printed in Germany